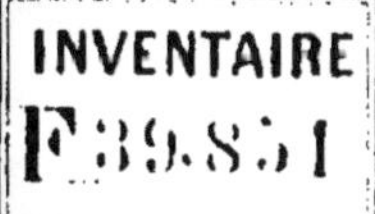

MÉMOIRE

SUR LES

VICES ET LES LACUNES

DE NOS DISPOSITIONS
LÉGISLATIVES ET ADMINISTRATIVES

CONCERNANT

LE PRÊT HYPOTHÉCAIRE,

EN RÉPONSE

Aux Questions proposées par M. Casimir PERIER, membre de la Chambre des Députés.

> Aucune personne, de quelque qualité ou condition qu'elle fût, ne devrait emprunter sans qu'il fut déclaré quelles dettes a déjà l'emprunteur, envers quelles personnes et sur quels biens.
>
> MÉMOIRES DE SULLY, *Liv.* 26.

A PARIS,

CHEZ DELAUNAY, LIBRAIRE, AU PALAIS ROYAL.

1830.

MÉMOIRE

SUR

LES VICES ET LES LACUNES

DE NOS DISPOSITIONS
LÉGISLATIVES ET ADMINISTRATIVES

CONCERNANT

LE PRÊT HYPOTHÉCAIRE;

Sur les obstacles qui s'opposent à la direction des capitaux vers cette nature d'emploi ;

Sur les meilleures dispositions à établir pour former, à cet égard, le projet de législation le plus complet et le plus en harmonie avec les besoins du fisc, avec ceux des emprunteurs, et avec les garanties que les prêteurs ont droit d'exiger;

Où l'on traite en même temps

QUELQUES QUESTIONS ACCESSOIRES SUR L'EXPROPRIATION FORCÉE ET SUR L'ORDRE, SUR UN NOUVEAU SYSTÈME ET UN NOUVEAU TARIF DES DROITS D'ENREGISTREMENT; SUR LA TRANSMISSION DES CONTRATS, LE LIBRE TAUX DE L'INTÉRÊT CONVENTIONNEL, LA SAISIE-ARRÊT DES RENTES SUR L'ÉTAT, LE JEU SUR LES EFFETS PUBLICS, LA VENTE A RÉMÉRÉ, LA CONTRAINTE PAR CORPS, ETC., ETC., ETC.

EN RÉPONSE

Aux Questions proposées par M. Casimir PERIER, membre de la Chambre des Députés.

> Aucune personne, de quelque qualité ou condition qu'elle fût, ne devrait emprunter sans qu'il fut déclaré quelles dettes a déjà l'emprunteur, envers quelles personnes et sur quels liens.
>
> Mémoires de Sully, *Liv.* 26.

A PARIS,

CHEZ DELAUNAY, LIBRAIRE, AU PALAIS ROYAL.

1830.

GRENOBLE, IMPRIMERIE DE C.-P. BARATIER.

AVERTISSEMENT.

L'Auteur de ce Mémoire ne se proposait pas de le livrer à l'impression, avant qu'on eût prononcé entre les nombreux concurrens qui ont répondu à l'appel de l'honorable M. Casimir Perier : il pensait que jusque-là, le public ne devait connaître ni leurs noms ni leurs ouvrages.

Mais depuis plus de huit mois que ce concours est fermé, la commission de pairs, de députés, de magistrats, d'avocats, de notaires et d'avoués, qui devait être chargée de cet examen, n'en a point fait connaître le résultat : il paraît même qu'elle ne s'est pas encore réunie!

D'un autre côté, plusieurs des concurrens se sont décidés à faire imprimer leurs Mémoires, à rompre le cachet sous lequel leur nom avait été renfermé, et à mettre ainsi le lecteur dans leur confidence!

A leur exemple, l'auteur croit pouvoir soumettre aussi cet essai à la redoutable épreuve de la publicité, mais sans quitter le voile de l'anonyme.

OBSERVATIONS PRÉLIMINAIRES.

Rien ne caractérise mieux l'époque actuelle, que ce zèle, ce besoin de perfectionnement qui anime toutes les classes de la société.

Tandis que le cultivateur et le manufacturier cherchent à l'envi de nouveaux procédés qui multiplient leurs produits, qui simplifient leur fabrication, la science marche à pas de Géant vers les découvertes utiles.

Tandis qu'une foule d'écrivains examinent, discutent les plus hautes questions d'économie politique et de droit public ou privé, quelques hommes placés dans une sphère plus élevée, ne se contentent pas d'offrir au pays leur tribut personnel de lumières et de dévouement : ils tâchent encore d'exciter, par de généreux encouragemens, l'émulation de nos publicistes : au bout de la lice dans laquelle ils les engagent à descendre, ils plantent eux-mêmes le Laurier de l'Académie!

Heureuse la contrée où ce noble essor se manifeste ! Elle renferme dans son sein le germe de toutes les prospérités : elle doit briller un jour du plus vif éclat par son agriculture et son industrie : elle doit perfectionner avant peu toutes les parties de sa législation, en remplir toutes les lacunes, en corriger tous les vices.

Ceux de notre système hypothécaire sont graves et nombreux : ils entravent la plupart des transactions civiles et commerciales ; ils compromettent journellement un grand nombre de fortunes ; en comprimant la circulation des capitaux, ils arrêtent à chaque instant les plus utiles entreprises.

On conçoit donc tout-à-fait comment les réformes qu'ils nécessitent sont devenues l'objet d'un de ces concours que l'amour éclairé du bien public a ouverts, de celui dont la pensée appartient à l'honorable M. Casimir Perier, membre de la Chambre des Députés.

Essayons de répondre à son appel !

Tâchons de signaler le mal, d'en faire ressortir les conséquences, et d'en indiquer le remède; ce sera traiter la question sous les divers points de vue et dans l'ordre indiqués par le programme.

DES

VICES ET DES LACUNES

DE NOS DISPOSITIONS

LÉGISLATIVES ET ADMINISTRATIVES

CONCERNANT

LE PRÈT HYPOTHÉCAIRE.

TROIS circonstances principales doivent concourir, pour que le prêt sur hypothèque offre toutes les sûretés désirables :

Il faut d'abord que le prêteur puisse bien vérifier le droit de propriété de l'emprunteur ;

Il faut ensuite que le prêteur ait les moyens de connaître et d'apprécier toutes les charges qui grèvent ou qui peuvent grever l'immeuble hypothéqué ;

Il faut enfin que le prêteur soit bien éclairé sur la capacité contractuelle de l'emprunteur.

Ces premiers points éclaircis, le prêteur a encore à se demander,

1.º Si trop de formalités, trop de précautions ne

sont pas attachées à la conservation de son hypothèque ; et si l'immeuble venant à être vendu, ses
droits n'éprouveront pas une altération quelconque;

2.º Si lorsque l'époque de son remboursement
sera arrivée, il n'a pas à craindre de le voir indéfiniment retardé par les formalités d'une expropriation forcée et d'un ordre;

3.º Si les poursuites judiciaires qu'il sera obligé
d'intenter ne diminueront pas d'une manière no-
table la valeur de l'immeuble hypothéqué.

Or, dans l'état actuel de notre législation hypothécaire, il est à-peu-près impossible que la réponse
soit satisfaisante.

Parlons d'abord de l'incertitude dans laquelle le
prêteur se trouve presque toujours, à l'égard des
droits de propriété de l'emprunteur.

L'emprunteur se présente-t-il à lui avec un acte
d'acquisition en bonne forme, qui indique (chose
assez rare dans la plupart des actes passés hors de
Paris) la filiation des propriétaires qui se sont succédé depuis vingt ans, de manière que la prescription de dix et vingt ans vienne au besoin ci-
menter sa possession ? S'il n'y joint pas les quittances
finales de tous ces vendeurs successifs, rien ne ga-
rantit au prêteur que l'un d'entr'eux qui n'aura pas
été payé de la totalité de son prix de vente, et pour

lequel il n'aura pas été fait de transcription, ou dont l'inscription d'office n'aura pas été renouvelée après les premiers dix ans, ne viendra pas exercer (dans les trente ans) une action en résolution de sa vente, qui fera tomber toutes les ventes, et, par suite, toutes les hypothèques postérieures (1).

L'emprunteur chercherait-il à rassurer le prêteur, en lui prouvant que tous les vendeurs ont fait transcrire, que leur privilége a été conservé par une inscription d'office, et qu'il ne leur reste plus dû que la moitié ou même le quart du prix capital? Comme d'après le dernier état de la jurisprudence, le vendeur qui a fait transcrire a un privilége pour tous les intérêts arréragés de la partie non payée de son prix de vente, sans avoir besoin de les faire inscrire; comme ces intérêts ne sont pas rangés dans la classe de ceux qui se prescrivent par le laps de cinq ans, le prêteur a toujours à craindre que leur accumulation indéfinie n'absorbe un jour la totalité du prix de vente (ou à-peu-près), et ne rende son hypothèque illusoire (2).

---

(1) Art. 1654 et 2125 du Code civil; Grenier, *Traité des Hypothèques*, tome 2, n.° 378; arrêts de cassation des 2 décembre 1811 et 3 décembre 1817.

(2) Grenier, *Traité des Hypothèques*, tome 2, n.° 381; arrêt de cassation du 1.er mai 1817.

Ce n'est pas tout : ce vendeur dont le privilége , quant au capital et aux intérêts qui lui restent dus , a été conservé par une inscription d'office , n'est pas obligé, en cas de non payement, de poursuivre, comme un simple créancier hypothécaire , l'expropriation forcée de l'immeuble affecté à son privilége, pour qu'après sa collocation *au premier rang* dans l'ordre à intervenir, l'excédant du prix soit distribué entre les créanciers hypothécaires , suivant la date de leurs inscriptions. Il peut toujours opter pour la résolution de la vente, quelle que soit la partie du prix qu'il ait déjà touchée ; et alors toutes les hypothèques venant à tomber avec la vente (1), cette partie du prix, que le vendeur est tenu de restituer et qui semblait devoir servir de garantie aux premiers créanciers hypothécaires de l'acquéreur, se partage, comme somme mobilière, entre tous ses créanciers indistinctement, sans égard au rang de leurs inscriptions , sans aucune préférence entre les hypothécaires et les chirographaires (2).

---

(1) Art. 2125 du Code civil.

(2) A moins que les créanciers inscrits, exerçant les droits utiles de l'acquéreur, ne s'entendent pour désintéresser le vendeur : à moins , encore, que des mesures conservatoires n'aient été prises à l'avance par les créanciers hypothécaires, et qu'ils n'aient formé saisie-arrêt entre les mains du ven—

D'un autre côté, celui qui possède de bonne foi, en vertu d'un juste titre, ne devient réellement propriétaire incommutable qu'au bout de dix et vingt ans : et cependant aucune loi, aucun réglement n'impose aux notaires et aux parties l'obligation d'énoncer dans leurs actes quelles mutations se sont opérées dans cet intervalle! Or, la garantie du dernier vendeur, qui a pu paraître suffisante à l'acquéreur pour le cas où il serait évincé par le véritable propriétaire, ne l'est jamais pour le prêteur qui sait très-bien qu'en cas d'éviction, la somme à rembourser par le vendeur se partagera encore, comme somme mobilière, entre tous les créanciers hypothécaires et chirographaires de l'acquéreur (1).

Enfin, il est de jurisprudence (2) que la première vente, ayant date certaine, est préférée à la seconde, quoique celle-ci ait été transcrite, et que l'autre ne l'ait pas été (3). En conséquence, quelles que soient les précautions qu'il prenne d'ailleurs pour s'assu-

---

deur : Persil, *Régime hypothécaire*, pag. 185; Pothier, *Traité des Hypothèques*, pag. 462.

(1) Sauf les précautions indiquées dans la note précédente.

(2) Malgré l'opposition apparente de l'art. 1583 du Code civil.

(3) Sirey, 12, 2, 177; 12, 2, 232; Grenier, *Traité des Hypothèques*, tom. 2, pag. 50; Persil, *Régime hypothécaire*, pag. 103; art. 2182 du Code civil.

rer que l'emprunteur a fait transcrire, qu'il possède en vertu d'un titre légitime et qu'aucun autre acquéreur n'a fait transcrire antérieurement, pour s'assurer aussi que le prix de vente a été payé intégralement aux différens vendeurs qui se sont succédé, le prêteur a toujours à redouter qu'un titre antérieur *non transcrit* n'ait transféré à un autre la propriété pleine et entière de l'immeuble, et que son hypothèque ne se trouve ainsi illusoire. Quoique la possession soit un fait *patent* qui, en général, ne doit pas être ignoré, il est à remarquer que sous le Code, et d'après l'art. 1583, la tradition n'est pas une des conditions nécessaires de la vente (1); et dès-lors, on conçoit très-bien la possibilité que tel qui s'est transporté à Paris pour y vendre une propriété située à Lyon (et dont il a touché le prix, malgré le défaut de transcription), retourne ensuite à Lyon, ou ailleurs, pour la vendre une seconde fois à quelqu'un qui, *après avoir fait transcrire*, ne trouvant point d'hypothèques inscrites ni de transcription antérieure au bureau de la conservation, en aura aussi payé le prix au vendeur. Or,

---

(1) Il en était autrement dans l'ancien droit : *Traditionibus, non nudis pactis, dominia rerum transferuntur*, dit la loi 20, *Cod. de Pactis.*

dans cette supposition, et d'après le principe qui régit actuellement la matière, il est évident que toutes les hypothèques que le second acquéreur aurait consenties sur cet immeuble, ne pourraient produire aucun effet.

Dira-t-on que la supposition n'est pas vraisemblable, qu'une fraude pareille doit être rarement hasardée, et qu'elle doit être presque toujours découverte ? Elle n'exige, pour être couronnée du succès, que la mauvaise foi du vendeur, la complicité ou l'incurie du premier acquéreur ; et ces deux circonstances ne se trouvent que trop souvent réunies.

Et au danger d'une première vente pure et simple, se joint celui d'une vente à réméré avec bail en faveur du vendeur, celui d'une antichrèse, celui d'une vente d'usufruit ou de nue propriété, celui d'une reconnaissance de servitude qui altérerait sensiblement la propriété ; tous actes qui, par leur nature, ont moins de notoriété que la vente.

Par conséquent, sous l'empire de la législation qui préfère l'acte de vente le plus ancien, *quoique non transcrit*, à celui d'une date postérieure qui a été transcrit, aucun capitaliste ne peut prêter avec sécurité à un propriétaire qui n'a pas pour lui la prescription de dix à vingt ans : car cette prescription est le seul titre qui le mette à l'abri d'une éviction générale ou partielle de la part d'un premier acquéreur.

Il est donc permis de le dire, dans l'intérêt du prêteur comme dans celui de l'acquéreur de bonne foi, cette partie de notre législation, de notre jurisprudence, appelle une importante réforme.

Pourquoi le vendeur qui désire accorder terme et délai à son acquéreur, jouit-il du droit exorbitant de conserver son privilége sans être tenu de le faire inscrire, comme tous les autres priviléges? Pourquoi n'est-il pas obligé de requérir lui-même la transcription de son titre, et de prendre ensuite une inscription qui avertisse les acquéreurs successifs et leurs créanciers des droits qu'il a encore à faire valoir sur l'immeuble par lui vendu?

N'est-ce pas également une étrange faveur accordée au vendeur, que le droit qu'on lui attribue de se faire payer, aussi par privilége sur l'immeuble, de tous les intérêts arrérages de son prix de vente, sans être tenu de les faire inscrire? N'est-ce pas là une manière indirecte d'offrir une prime d'encouragement à sa négligence, et de frapper d'interdit tous les immeubles dont le prix n'est pas intégralement payé en capital et intérêts?

A quel propos, en présence surtout des créanciers hypothécaires de l'acquéreur, laisser au vendeur la faculté d'opter entre l'exercice de son privilége et la résolution de la vente ? Ne peut-il pas toujours, dans une poursuite en expropriation forcée, se rendre lui-même adjudicataire, et mettre ainsi ses intérêts à couvert ? Doit-il dépendre de son caprice de conserver ou de dénaturer les droits des créanciers inscrits contre l'acquéreur ?

Ne pourrait-on pas encore parer à beaucoup d'inconvéniens, et prévenir beaucoup de méprises, en soumettant les notaires et les parties à indiquer dans tous les actes de vente la série des divers propriétaires qui se sont succédé pendant dix ans et vingt ans, à y mentionner également les transcriptions qui se sont faites à chaque nouvelle mutation ?

Enfin, ne serait-il pas indispensable de faire revivre le principe salutaire consacré par la loi du 9 messidor an 3 et par celle du 11 brumaire an 7, maintenu, à ce qu'il paraît, par l'art. 1583 du Code civil, mais modifié plus tard par l'art. 2182 du même Code, par l'art. 834 du Code de procédure civile, et par la jurisprudence des cours ? En d'autres termes, ne conviendrait-il pas de décider, conformément à la règle tracée par l'art. 941 du Code civil (pour les aliénations *à titre gratuit*), que le défaut de transcription des aliénations *à titre oné-*

reux pourra aussi être opposé par toutes personnes ayant intérêt (1); ce qui ferait disparaître le danger de la législation actuelle; ce qui offrirait un juste motif de sécurité à l'acquéreur qui a transcrit, ainsi qu'à ses créanciers hypothécaires?

On vient de voir ce qu'un prêteur a maintenant à redouter, du chef des vendeurs de l'emprunteur, grace aux vices et aux lacunes de cette partie de notre système hypothécaire : mais combien sa position deviendra plus grave et plus dangereuse encore, si on le met en présence de quelques-uns des créanciers privilégiés, de quelques-uns des créanciers hypothécaires de cet emprunteur! C'est surtout en examinant la question sous ce nouveau point de vue, qu'on s'expliquera parfaitement toute la défaveur dont le prêt sur hypothèque est frappé.

Un mot d'abord sur les créanciers privilégiés.

Il en est plusieurs dont les droits sont à l'abri de toute critique.

Tels sont ceux dont parlent les art. 2101 et 2104 du Code civil, qui n'ont fait que déférer au vœu

---

(1) Tarrible, *Répertoire de Jurisprudence*, au mot *Transcription*, §. 3, n.º 5; Grenier, *Traité des Donations*, tom. 1.ᵉʳ, pag. 371, 1.ʳᵉ édition.

de

de la justice et de l'humanité , en déclarant privilégiés, sur les meubles et *sur les immeubles*, les frais
de justice , les frais funéraires, les frais de dernière
maladie , les salaires des gens de justice , etc. , etc.

Tels sont encore ceux des ouvriers et architectes,
des cohéritiers , des créanciers et des légataires
d'une succession qui ont demandé la séparation
des patrimoines : tous ces priviléges tiennent à la
nature même des choses; ils sont renfermés dans
des limites déterminées qui permettent aux autres
créanciers d'en mesurer l'étendue; ils sont enfin
rendus publics par l'inscription.

Seulement, il serait peut-être à désirer que celui
des créanciers et légataires d'une succession ne pût
être conservé, comme celui des cohéritiers pour les
soultes et retours de lots, que par une inscription
prise *dans les deux mois* de l'ouverture de la succession (1) : il serait peut-être à souhaiter également que celui des cohéritiers et copartageans, pour

---

(1) Ce délai, d'après l'article 2111 du Code civil, est maintenant *de six mois :* On a proposé de le réduire à *trois mois
et quarante jours*, c'est-à-dire au laps de temps laissé à l'héritier pour faire inventaire et délibérer; mais il semble qu'on
devrait l'abréger encore , et que les délais accordés à l'héritier
pour faire inventaire, ne seraient pas un obstacle à ce changement.

la garantie des soultes et retours de lots, fût soumis dans l'inscription à une évaluation quelconque, afin que le créancier pût apprécier quelle est la partie du lot du cohéritier qui est affranchie du privilége, et sur laquelle il peut faire porter son hypothèque (1).

Mais ce qui a été dit tout-à-l'heure doit faire sentir que le privilége du vendeur (et du bailleur de fonds), tel que les art. 2103 et 2108 du Code civil l'ont créé, est aussi redoutable pour le prêteur que pour l'acquéreur.

S'il y a eu transcription du contrat, il est dispensé d'inscription, puisque l'inscription d'office n'est prise, dit l'art. 2108, *que dans l'intérêt des tiers ;* il peut se convertir en une action en résolution de la vente, dans le cas de la non transcription et dans le cas du non renouvellement de l'inscription d'office ; enfin, il s'étend à tous les intérêts arréragés comme au capital lui-même, et il ne s'éteint que par le laps de trente ans !

Or, comme il est presque toujours impossible au prêteur d'en découvrir la limite ; comme la garantie que l'art. 2108 lui réserve contre le conservateur ne s'applique qu'au cas où le conservateur, sur le vu de la transcription, n'aurait pas fait une *première*

---

(1) Le même vœu a été exprimé par un des concurrens.

inscription d'office (parce que c'est au vendeur, ou au bailleur de fonds , à renouveler eux-mêmes leur inscription d'office) (1) ; comme cette garantie peut être souvent illusoire ; comme elle ne peut être exercée que par une action judiciaire dont on redoute ordinairement les suites, que doit faire, et que fait en effet un prêteur bien avisé ? Il évite de se mettre en contact avec ce terrible privilége du vendeur et du bailleur de fonds , quelle qu'en soit l'apparente limitation, et il va porter ailleurs ses capitaux.

Et s'il était possible que le prêteur fût pleinement rassuré sur ce point , le privilége du trésor public est là qui enchaîne dans beaucoup de cas sa bonne volonté, qui l'oblige souvent à fermer sa bourse à l'emprunteur.

Ne parlons pas de celui que le trésor exerce pour la perception des contributions et pour le payement des droits de mutation : car l'un et l'autre n'affectent que *les revenus* des immeubles, d'après les lois des 22 frimaire an 7 et 19 novembre 1808.

Ne parlons pas non plus de celui qu'il exerce contre les condamnés, pour le payement des frais de justice,

____

(1) Avis du Conseil d'Etat du 22 janvier 1808 ; Grenier, *Traité des Hypothèques* , tom. 1.er, pag. 239.

d'après la loi du 5 novembre 1807 , quoiqu'il porte sur les immeubles eux-mêmes : l'application en est assez rare , et il ne s'élève presque jamais à une somme considérable : il n'offre donc aucun inconvénient assez grave pour que le besoin d'une réforme se fasse impérieusement sentir. Et néanmoins, on peut se demander s'il ne dépasse pas ses limites naturelles lorsque , pris dans les deux mois de la condamnation , il prime les hypothèques légales ou autres qui sont postérieures *au mandat d'arrêt?* Il ne devrait primer de plein droit que celles postérieures *à la condamnation* , sauf au trésor à faire preuve de la fraude à l'égard des autres : la délivrance d'un simple mandat d'arrêt n'est pas un fait patent et notoire qui exclut la bonne foi des tiers , comme un jugement de condamnation (1).

Mais , sans insister davantage sur cette observation dont l'importance est tout-à-fait secondaire , examinons si un autre privilége du trésor , celui que la loi du 5 septembre 1807 lui confère sur les

---

(1) On a demandé même que ce privilége ne prît date que du jour de son inscription; mais ce serait peut-être accorder aussi trop de faveur aux autres inscriptions qui seraient prises *après la condamnation*, et contre lesquelles il peut exister des présomptions de fraude; d'un autre côté, il y aurait quelque inconvénient à autoriser le trésor à s'inscrire *avant la condamnation.*

biens des comptables et de leurs femmes, n'est pas tout à la fois inutile, injuste et contraire à l'intérêt général ; si enfin il n'entrave pas sans nécessité une foule de transactions hypothécaires.

Et d'abord, remarquons qu'un très-grand nombre de propriétés sont ou peuvent être grevées de ce privilége ; que la France fourmille de comptables, depuis le percepteur jusqu'au receveur général des contributions, depuis l'entreposeur des tabacs jusqu'au receveur des douanes ; et que dès-lors, si le privilége est réellement surabondant et dangereux, les conséquences en seront tout-à-fait fâcheuses.

Remarquons ensuite que tous les comptables sont soumis à fournir un cautionnement en argent ; que ces cautionnemens sont en général d'une somme égale à celle que les comptables sont censés avoir ordinairement dans les mains ; que grace à la grande abondance de nos capitaux, il serait facile de doubler, de tripler même le montant de ces cautionnemens, ou de soumettre chaque comptable à un dépôt de rentes sur l'Etat, qui seraient immobilisées pendant le cours de sa gestion ; et qu'on obtiendrait ainsi le double avantage, 1.º de donner au trésor toutes les sûretés nécessaires, sans mettre une grande quantité d'immeubles en interdit ; 2.º d'empêcher d'autant les fluctuations de la dette publique.

Concluons donc, sans aller plus loin, que les cautionnemens actuels semblent rendre inutile le privilége créé par la loi du 5 septembre 1807; que d'ailleurs l'insuffisance des cautionnemens ne formerait point obstacle à l'abolition de ce privilége, qui pourrait être remplacé par deux sûretés équivalentes, plus commodes même pour le trésor : car le capital d'un cautionnement, car des rentes sur l'Etat se réalisent plus facilement, plus promptement qu'un immeuble.

D'ailleurs, que d'objections à faire contre un privilége qui doit être, à la vérité, inscrit dans les deux mois des acquisitions faites par le comptable (ou par sa femme), *depuis sa nomination* (1), mais qui, une fois inscrit, frappe tous les immeubles acquis par le comptable ou par sa femme, sans restriction, et qui ne peut pas même être *déterminé*, quant à la somme, quelles que soient la nature et la limite de la garantie (2)?

Et notons bien que la même règle s'applique à

----

(1) On n'a pas réfléchi que le comptable qui détourne des deniers de sa caisse, ne les emploie jamais à faire des acquisitions *sous son nom*, qui pourraient être grevées de l'hypothèque légale du trésor : ce privilége repose donc sur une supposition inexacte, au moins à l'égard du comptable lui-même.

(2) Art. 4 de la loi du 5 septembre 1807.

l'hypothèque légale que le Code civil, et l'art. 6 de la loi du 5 septembre 1807 attribuent au trésor sur les autres biens des comptables, qui n'est soumise qu'à la formalité de l'inscription, qui est aussi *indéterminée*, et qui grève, d'après l'art. 2122 du Code civil, tous les biens présens et à venir du comptable!

Or, n'est-il pas étrange que le caprice d'un agent de l'administration puisse grever des immeubles valant 100,000 fr., par exemple, d'une inscription *indéterminée* prise pour sûreté de la gestion d'un percepteur de campagne, qui a déjà fourni un cautionnement égal *au douzième* de sa recette, égal à la seule somme dont il puisse jamais être reliquataire, d'après les règles de surveillance établies pour la perception des contributions directes?

On opposera peut-être à cet exemple celui d'un receveur général ou particulier, qui, par suite du versement qu'on fait dans sa caisse du produit de toutes les contributions indirectes, est souvent débiteur envers le trésor d'une somme supérieure à son cautionnement : mais, on ne saurait trop le répéter, doublez, triplez, s'il le faut, le cautionnement de ces riches comptables (1); ils le fourniront

---

(1) Ceux des receveurs généraux sont déjà doublés et triplés par *le compte courant* que chacun d'eux est obligé d'avoir au trésor, et qui forme son cautionnement *subsidiaire*.

sans la moindre peine, trop heureux de conserver à ce prix la totalité, *la moitié même*, des émolumens de leur emploi; et au moins la propriété n'aura pas à gémir d'un privilége qui met beaucoup d'immeubles hors du cercle des négociations civiles et commerciales.

Mais la suppression de ce privilége et de l'hypothèque légale qui s'y rattache, ne serait qu'un acheminement à d'autres réformes bien plus essentielles, sans lesquelles il faut désespérer de voir le prêt hypothécaire appeler à lui nos capitaux.

On pressent qu'il s'agit des règles qui régissent les hypothèques légales, autres que celles du trésor, et de celles qui régissent les hypothèques judiciaires (1).

L'hypothèque légale des communes et des établissemens publics sur les biens de leurs receveurs et administrateurs comptables, l'hypothèque judiciaire du créancier sur les biens de son débiteur, sont de la même nature à beaucoup d'égards; l'une et l'autre grèvent la généralité des biens présens et à venir des comptables et des créanciers; l'une et l'autre sont ou peuvent être *indéterminées*, quant à leur valeur numérique (2) : elles doivent donc être l'objet d'un examen commun.

---

(1) Voir les art. 2121, 2122, 2123 et 2134 du Code civil.
(2) D'après le §. 4 de l'art. 2148.

Rendons-leur d'abord cette justice, que soumises à la formalité de l'inscription, elles préviennent, avertissent par cela même les tiers de leur existence; qu'elles ont enfin sur le privilége du vendeur, comme sur les hypothèques légales des femmes, des mineurs et des interdits, le grand avantage *de la publicité*, première condition de tout bon système hypothécaire.

Mais voyons si sous d'autres rapports elles ne prêtent pas à une juste critique.

Quand elles sont *indéterminées*, elles rendent toute hypothèque conventionnelle impossible, et la raison en est simple : quel moyen aurait le prêteur de faire l'évaluation que l'inscription n'a pas faite; et comment se déciderait-il à prêter sur un immeuble dont la valeur peut-être entièrement absorbée par ces hypothèques? Il se trouve placé à cet égard dans la même incertitude, que sous le système de la non-publicité qui faisait toujours craindre des hypothèques antérieures, d'une valeur égale ou supérieure à celle des immeubles appartenant au débiteur.

Mais ces deux espèces d'hypothèques, lors même qu'elles seraient toujours *déterminées*, lors même qu'elles seraient évaluées à une somme fixe par l'inscription, n'en sont pas moins vicieuses, en ce sens qu'elles sont *générales*, qu'elles affectent tous les biens présens et à venir du débiteur.

S'agit-il, d'abord, de l'hypothèque légale établie en faveur des communes et des établissemens publics?

Rien n'empêcherait d'exiger un cautionnement qui la rendrait aussi inutile que celle établie en faveur du trésor ; rien n'empêcherait au moins de choisir pour comptable un homme possédant, au moment de sa nomination, des immeubles d'une valeur suffisante pour servir de garantie à sa gestion, et sur tout ou partie desquels il serait pris une hypothèque spéciale jusqu'à concurrence d'une somme *déterminée*, de manière à lui laisser la libre disposition du surplus de ses biens présens, celle surtout *de ses biens à venir*.

S'agit-il, maintenant, des hypothèques judiciaires?

Elles résultent d'un jugement contradictoire ou d'un jugement en défaut.

Dans le premier cas, le tribunal, sur la demande du créancier et après avoir entendu le débiteur, pourrait déterminer le nombre des immeubles qui seraient grevés de l'hypothèque, et *l'ordre* dans lequel l'expropriation de chaque exploitation différente devrait être *successivement* poursuivie (1) à

---

(1) Conformément aux art. 2210 et 2211 du Code civil.

défaut de payement ; d'où la conséquence que l'hypothèque prise sur la seconde et la troisième exploitation n'étant jamais que *subsidiaire*, que celle prise sur les biens à venir étant *encore plus subsidiaire*, le débiteur conserverait presque toujours la faculté d'emprunter, 1.° sur les immeubles présens, 2.° sur les immeubles *à venir*, affectés *subsidiairement* à l'hypothèque judiciaire.

Et la même chose pourrait avoir lieu dans l'hypothèse d'un jugement en défaut : alors le créancier pourrait sans doute obtenir hypothèque sur chacun des immeubles présens et à venir de son débiteur ; il n'aurait pour cela qu'à alléguer l'insuffisance des biens présens, et surtout celle de chacun d'eux en particulier : mais l'obligation où il serait de désigner *l'ordre* dans lequel il entend les grever de cette hypothèque, ferait disparaître l'inconvénient de son excès de précaution.

Comment concevoir donc qu'un système aussi simple et qui satisfait évidemment à toutes les exigences du créancier, n'ait pas été préféré au système actuellement en vigueur ?

S'il est vrai que la justice, en intervenant dans les conventions des parties, doit leur donner une sanction plus solennelle, il convient, d'un autre côté, de concilier l'intérêt du porteur d'un jugement et les intérêts des autres créanciers du débiteur commun.

Or, quel est maintenant le droit du créancier auquel un jugement a conféré une hypothèque générale sur tous les biens présens et à venir de son débiteur?

Il peut choisir, au gré de son caprice, celui de ces immeubles sur lequel il poursuivra son payement : il dépend donc de lui d'être favorable ou défavorable à l'un des créanciers spéciaux dont il prime l'hypothèque; car son choix une fois fait, aucune subrogation ne paraît admise sur l'autre immeuble en faveur du créancier au détriment duquel il a exercé sa priorité d'hypothèque : quelle que soit l'antériorité du titre des créanciers spéciaux, le porteur de l'hypothèque générale décide souverainement de leur sort, suivant l'option qu'il fait lui-même entre les divers immeubles du débiteur commun (1).

Et grace à une pareille législation, grace du moins à une pareille jurisprudence, tout prêteur doit craindre d'être primé par une hypothèque générale de quelque importance : pour parer à ce

---

(1) Grenier, *Traité des Hypothèques*, tom. 1.er, pag. 365 et suivantes; arrêt de cassation du 16 juillet 1821; Sirey, 21, 1, 360. — *Contrà*, Tarrible, dans le *Répertoire de Jurisprudence*, au mot *Transcription*, §. 6, n.º 5.

danger, il n'a qu'un parti à prendre ; celui de demander que son hypothèque spéciale embrasse aussi tous les immeubles présens de l'emprunteur, même tous ses immeubles à venir, chose à laquelle il est autorisé par l'art. 2130 du Code civil ; et alors l'emprunteur est privé pour jamais des avantages de la spécialité.

Il est donc exact de le dire : des hypothèques générales de biens présens seraient sans utilité réelle pour le créancier qui les obtient, si on leur substituait des hypothèques *principales* et *subsidiaires* ; et elles sont un très-grand obstacle au prêt conventionnel.

A l'égard des biens à venir, maintenant, le même motif devrait faire sentir la nécessité de ne les affecter que *subsidiairement*, et tout-à-fait en dernière ligne, à la sûreté de l'hypothèque judiciaire : la loi actuelle les frappe du même interdit que les biens présens ; et il est aussi par trop injuste de multiplier des précautions au moins surabondantes en faveur d'une nature de créanciers, pour mettre tous les autres à leur discrétion.

Le moment est venu de s'occuper d'une seconde classe de créanciers, en faveur desquels la loi a cru devoir établir d'autres règles, encore plus destructives d'un bon système hypothécaire : ce sont,

1.º Les femmes mariées ;

2.º Les mineurs et les interdits.

Le Code ne s'est pas contenté de leur accorder une hypothèque aussi ample que l'hypothèque judiciaire, que celle établie en faveur de l'Etat, des communes et des établissemens publics (laquelle est indéterminée, laquelle grève au même degré tous les biens présens et à venir du débiteur) : le Code a encore ajouté à cette insigne faveur le *prétendu* bienfait d'une hypothèque dispensée d'inscription, et qui subsiste pendant trente ans, soit après la dissolution du mariage, soit après l'expiration de la tutelle (1)!

Prouvons, d'abord, que le bienfait n'est qu'*apparent!*

Prouvons, ensuite, qu'il occasione une telle perturbation, qu'il compromet tant de fortunes, qu'il entrave tant d'affaires, que, quels que soient ses *prétendus* avantages pour les femmes mariées, les mineurs et les interdits, il faut se hâter néanmoins de le leur retirer!

Pour prouver que le bienfait n'est qu'*apparent,* il suffit de se rappeler avec quelle facilité cette hy-

---

(1) D'après l'art. 2135 du Code civil, et l'avis du Conseil d'Etat du 8 mai 1812.

pothèque légale, dispensée d'inscription, peut devenir un titre sans consistance et sans efficacité.

Une hypothèque inscrite suit l'immeuble dans toutes les mains par lesquelles il passe ; elle ne cesse de le grever qu'à défaut du renouvellement de l'inscription dans les délais de la loi (1). Si donc cette espèce d'hypothèque légale, une fois inscrite, était dispensée de tous renouvellemens pendant la durée du mariage ou de la tutelle, et pendant quelques années après, elle aurait pour elle l'avantage inappréciable de la stabilité.

Quel est, au contraire, le sort d'une hypothèque légale dispensée d'inscription ?

Il est bien certain que tant que les immeubles restent dans les mains du mari ou du tuteur, elle ne reçoit aucune atteinte : mais la vente une fois opérée, l'acquéreur fait purger ; et si le tuteur, si le mari surtout est de mauvaise foi, les notifications que l'acquéreur fait faire au subrogé tuteur ou à la femme, en vertu de l'art. 2194 du Code civil, ne provoquent aucune inscription. Le subrogé tuteur n'est pas tenu de la prendre, à peine de tous dommages-intérêts ; la femme ne fait rien que de l'avis de son mari ; les autres personnes désignées dans

----

(1) D'après l'art. 2154 du Code civil.

l'art. 2194 du Code civil (les parens de la femme et le procureur du Roi), n'interviennent jamais pour faire faire d'office cette inscription ; par conséquent la conservation des droits de la femme et du mineur reste confiée, de fait, *à leur partie adverse*, et la prévoyance de la loi est tout-à-fait en défaut.

Qu'on daigne en effet le remarquer : arrivant le cas de la vente volontaire, la femme qui ne s'est pas inscrite sur la notification à elle faite par l'acquéreur, est privée de la faculté de surenchérir, d'après les termes exprès de l'art. 2185 du Code civil, qui ne l'accorde qu'au créancier *dont le titre est inscrit ;* et par suite, elle est même privée du droit de se faire allouer dans l'ordre : car pour le cas de l'expropriation forcée, c'est ce qui a été jugé en thèse par un arrêt de cassation du 21 novembre 1821 (1).

Ainsi, faute d'inscription à la suite d'une vente volontaire ou d'une expropriation forcée, la femme, le mineur et l'interdit sont privés des avantages dont jouissent les autres créanciers hypothécaires : ainsi,

---

(1) Il est rapporté par M. Grenier, dans son *Traité des Hypothèques*, tome 2, pag. 428 ; et cet auteur démontre très-bien l'identité des deux hypothèses.

tout

tout démontre le vice du système actuel, dans l'intérêt même des femmes mariées, des mineurs et des interdits.

Dira-t-on que cette formalité de l'inscription est exigée du mari, du tuteur et des parens, par les art. 2136 et suivans du Code civil ? Tout le monde sait que ces dispositions ne sont presque jamais exécutées, et que les peines *de stellionat* attachées à leur inexécution sont en quelque sorte *comminatoires* (1) ; que créées d'ailleurs dans l'intérêt exclusif des tiers créanciers, elles ne pourraient jamais être invoquées en faveur des femmes, des mineurs ou des interdits, qu'on renverrait avec raison aux notifications prescrites par l'art. 2194, et ensuite desquelles les uns et les autres ont dû être inscrits.

Tel est donc le danger auquel les femmes, les

***

(1) On a bien demandé, à cette occasion et pour assurer d'autant mieux l'exécution de l'art. 2136, que son inobservation fût punie de la peine *correctionnelle* d'un an à cinq ans d'emprisonnement prononcée par l'art. 405 du Code pénal, *contre les manœuvres frauduleuses, à l'aide desquelles on a tenté d'escroquer la fortune d'autrui !* Mais ne serait-ce pas dépasser le but? Un mari, un tuteur peut souvent omettre *de bonne foi* de requérir l'inscription, et de faire les déclarations prescrites par l'art. 2136 du Code civil; or, dans le doute, n'est-ce pas assez de les réputer *stellionataires*, de les déclarer enfin contraignables par corps?

mineurs et les interdits sont exposés sous l'empire de cette législation ; et le danger est d'autant plus grave, qu'il est très-rare que dans le cours d'un mariage ou d'une tutelle, il n'y ait pas aliénation de tout ou de partie des immeubles affectés à leur hypothèque.

A la vérité, il existe un autre danger, celui de voir les femmes, les mineurs et les interdits privés de leur hypothèque légale, par suite de l'obligation imposée aux personnes qui stipuleraient pour eux de la faire inscrire en temps utile : mais notons d'abord que sous l'édit de 1771, comme sous la loi du 11 brumaire an 7, ce danger n'avait pas empêché d'exiger une opposition et une inscription pour ces diverses natures d'hypothèques ; disons ensuite qu'il serait facile d'ajouter sur ce point aux précautions indiquées par la loi du 11 brumaire an 7, et de concilier les droits sacrés des femmes, des mineurs et des interdits, avec le principe de la publicité.

Qui empêcherait en effet, pour l'hypothèque légale des mineurs et des interdits, de charger conjointement du soin de la faire inscrire, et leur subrogé tuteur, et le juge de paix qui a présidé le conseil de famille chargé de la nomination du tuteur?

Quel inconvénient trouverait-on à rendre responsable de l'inscription de l'hypothèque légale des femmes, le notaire qui a reçu leur contrat de mariage? Pourquoi ne soumettrait-on pas encore les parties à produire, lors de la célébration civile de leur mariage, un extrait de cette inscription (1)?

On ne peut pas faire l'objection que les personnes chargées de prendre ces inscriptions ne sauraient, ni sur quels immeubles les faire porter, ni quelle en doit être l'étendue; car, pour coordonner toutes les parties du système, l'hypothèque légale des femmes, des mineurs et des interdits, devrait être *spéciale et déterminée* comme l'hypothèque judiciaire, et de la manière expliquée plus haut (2),

---

(1) Si l'on suppose que les parties n'ont pas fait de contrat, c'est le régime de la communauté pure et simple qui les régit; et la femme, au moment du mariage, n'a alors aucune hypothèque à conserver, d'après les art. 1393 et 1401 du Code civil.

(2) Quelques auteurs ont bien demandé également que l'hypothèque légale des femmes mariées, des mineurs et des interdits fut rendue publique par l'inscription; mais ils ne demandent pas qu'elle devienne *spéciale et déterminée!* Or l'inscription *sans spécialité, sans détermination,* n'apprend guère au public que ce qu'il sait déjà, ce qu'il doit du moins savoir, d'après une présomption de droit, la qualité de mari ou de tuteur que peut avoir le propriétaire de l'immeuble hypothéqué : elle ne fait pas connaître ce qu'il importe essentiellement de pouvoir apprécier, c'est-à-dire, *jusqu'à quel point cette qualité altère sa solvabilité!*

En conséquence, le procès-verbal de la nomination du tuteur pourrait expliquer qu'une inscription sera prise, 1.º *principalement* sur *tel* de ses immeubles ; 2.º *subsidiairement* sur *tel autre* de ses immeubles, etc., etc.; le tout, jusqu'à concurrence de...... (somme égale à l'excédant présumé des revenus du mineur ou de l'interdit pendant cinq ans, ou pendant tout autre laps de temps); sauf au tuteur, à l'expiration de ce délai, à justifier au subrogé tuteur de l'emploi qu'il aurait fait de cet excédant sur ses propres biens, ou sur d'autres.

Le contrat de mariage des femmes pourrait également expliquer que, pour sûreté de leur dot ou de leurs avantages de mariage, s'élevant à la somme de . . . . . . , une inscription principale et *subsidiaire* serait prise sur deux ou trois des immeubles du mari : rien ne s'opposerait à ce que cette somme fût déterminée, dans tous les cas, malgré des donations en propriété ou en jouissance, malgré une constitution générale de biens présens et à venir; il serait facile de tout concilier à l'aide des principes généraux du droit (1).

____

(1) Si la femme se fait une constitution générale de biens présens et à venir, l'appréciation n'en sera pas possible dans le contrat; mais alors elle conservera la faculté d'y opter entre

Et maintenant, si le tuteur avait des sommes capitales à toucher pendant la tutelle, il serait tenu d'en faire emploi *sur ses propres biens*, à la charge par le débiteur du capital de requérir lui-même l'inscription : le tuteur aurait néanmoins la faculté de faire un emploi par hypothèque sur d'autres biens que les siens, ou de placer la somme, de l'avis du conseil de famille, en rentes sur l'État, à la caisse des dépôts et consignations, dans une maison de commerce : mais dans aucun cas, ses biens ne seraient grevés d'une hypothèque tacite et indéterminée de nature à éloigner de lui la confiance.

Il en serait de même du mari : il ne pourrait toucher pour sa femme aucune somme *non exprimée au contrat*, et provenant, soit de sa constitution générale de biens présens et à venir, de ses propres ou de ses paraphernaux mobiliers, soit de ses immeubles *dotaux*, propres ou *paraphernaux*, qu'à la charge d'un emploi effectué de l'une des manières

---

un emploi *avec inscription* sur les biens de son mari, ou un emploi sur d'autres biens, à la date de chaque rentrée.

Si le mari donne à sa femme une partie des biens qu'il laissera à son décès, soit en propriété, soit en jouissance, il n'y a pas lieu à l'inscription de cette donation indéterminée : elle ne porte que sur les biens existans au décès, *déduction faite des dettes.*

ci-dessus indiquées : alors l'emploi sur les biens du mari, au lieu d'être de simple faculté comme à présent, deviendrait *de droit commun*; seulement, il serait soumis à une inscription prise par le débiteur même de la somme qui aurait servi à faire l'emploi (1).

Or, il est sensible que tous les intérêts seraient ainsi respectés : les droits de la femme seraient garantis par cette inscription; le mari, à moins d'une clause particulière d'emploi insérée au contrat, conserverait cependant la libre disposition de la fortune de sa femme; et les tiers sauraient, d'une manière positive, quelle est la partie libre des biens du mari.

Dans ce système, les droits des femmes, des mi-

____

(1) Qu'on ne dise pas que ce serait imposer au débiteur de la femme une obligation trop rigoureuse! Dans le silence du contrat, l'emploi s'effectuerait sur les biens du mari ; et alors le débiteur ne serait pas garant de la valeur des immeubles hypothéqués : il ne serait tenu qu'à une seule chose, *qu'à requérir l'inscription*. Que si le contrat avait exigé un emploi sur d'autres biens que ceux du mari, la position du débiteur de la femme resterait ce qu'elle est sous la législation actuelle, qui, dans ce cas particulier, l'oblige à s'assurer de la validité de l'emploi.

Ces observations s'appliquent aussi à l'obligation qu'on imposerait au débiteur du mineur et de l'interdit de requérir l'inscription, ou de faire faire l'emploi, de la somme par eux payée.

neurs et des interdits seraient bien autrement garantis que dans le système actuel qui les expose à voir leurs hypothèques purgées à chaque mutation.

Ils le seraient d'autant mieux, qu'il serait juste alors de renouveler la règle établie par la loi du 11 brumaire an 7, qui dispensait de la formalité du renouvellement les inscriptions prises pour sûreté de ces hypothèques légales , en l'étendant même à celles du trésor, des communes et des établissemens publics, *si on les conserve* (1).

Il serait même juste de les déclarer encore subsistantes pendant les dix ans qui suivent la dissolution du mariage, la cessation de la tutelle ou le changement du comptable, sans égard à la disposition de la loi du 11 brumaire an 7, qui réduisait ce terme *à un an :* une fois avertis de l'existence de l'inscription, du montant des droits qu'elle est appelée à conserver, des immeubles sur lesquels elle est

---

(1) Par exemple , il serait impossible d'accorder la même faveur aux hypothèques judiciaires ou conventionnelles, et de supprimer tout-à-fait l'art. 2154 du Code civil, ainsi qu'on paraît l'avoir demandé : ce serait mettre toutes les personnes appelées à traiter avec le propriétaire de l'immeuble dans l'impossibilité de jamais connaître sa position ; ce serait du moins en compliquer extrêmement l'examen , parce que toutes les inscriptions subsisteraient alors *de plein droit*, jusqu'à leur radiation.

assise *principalement* et *subsidiairement*, les tiers n'ont plus à se plaindre de la faveur accordée à cette espèce d'hypothèques.

Mais aussi, tant qu'elles ne réunissent pas ces trois conditions, elles sont l'effroi de tous les capitalistes, elles élèvent un mur d'airain entre le prêteur et l'emprunteur.

Elles sont dispensées de la formalité de l'inscription ! En conséquence, après avoir vérifié que l'emprunteur n'est pas actuellement mari ou tuteur, et qu'il ne l'a pas été, le prêteur doit encore s'assurer que les différens propriétaires de l'immeuble qui se sont succédé, n'ont été eux-mêmes ni maris, ni tuteurs, ou que, s'ils l'ont été, les hypothèques légales qui grevaient l'immeuble de leur chef ont toutes été purgées ; autrement, et d'après le décret du 8 mai 1812, il a à craindre que, pendant les trente ans qui suivront l'expiration de chaque mariage ou de chaque tutelle, il ne soit primé par quelqu'une de ces hypothèques. Il doit donc s'abstenir de prêter, ou ne prêter, en raison des chances auxquelles il est exposé, qu'à des conditions très-onéreuses pour l'emprunteur ; et, il convient de le remarquer, ces chances sont d'autant plus à redouter, que, suivant MM. Grenier et Tarrible, les intérêts des créances conservées par les hypothèques légales dispensées d'inscription,

se conservent aussi pendant trente ans, indépendamment de toute inscription, comme les intérêts
d'un prix de vente (1).

Supposons maintenant le prêteur rassuré par la
représentation des diverses notifications qu'exige
l'art. 2194 du Code civil : de ce moment, sans doute,
il n'a plus à s'occuper que des hypothèques légales
qui peuvent grever l'immeuble du chef de son emprunteur; et il est vrai de dire qu'une fois sur ce
terrain, le prêteur peut parvenir à connaître même
les tutelles et les mariages antérieurs; la présomption de la loi est juste à quelques égards, *Nemo
debet esse ignarus conditionis ejus cum quo con-
trahit.*

Mais peu importe au prêteur de pouvoir connaître l'existence de ces hypothèques légales, s'il
est hors d'état d'en apprécier l'importance; et il est
facile de voir que telle est en effet sa position.

S'agit-il de tutelle, d'abord ? L'hypothèque légale
à laquelle elle donne lieu étant dispensée d'inscription, est par cela même d'une nature indéterminée;
et malgré l'inventaire qui attesterait que la fortune
du mineur et de l'interdit est exclusivement immobilière, malgré l'acte même de la nomination du

____

(1) Grenier, tome 1.er, page 206.

tuteur qui indiquerait que tous les revenus du mineur et de l'interdit sont nécessaires à son entretien, combien de fois n'arrive-t-il pas qu'après l'entrée en fonctions du tuteur, il échcoit au mineur et à l'interdit une succession mobilière qui constitue le tuteur reliquataire de sommes fort considérables ? D'ailleurs, et abstraction faite de cette circonstance, il est bien rare qu'à l'expiration de sa gestion, un tuteur ne soit pas constitué débiteur d'un solde quelconque, qu'il est impossible au prêteur d'arbitrer même approximativement.

Et si du tuteur nous passons au mari, c'est alors que la difficulté, l'impossibilité de l'appréciation se fait mieux sentir encore.

Dans le cas même de la communauté légale, qui semble être un de ceux où l'hypothèque légale des femmes est le plus restreinte, comment apprécier, à défaut d'une inscription déterminée, le montant des reprises auxquelles une femme a droit, 1.º pour se remplir de ses propres aliénés ; 2.º pour l'indemnité des dettes qu'elle a contractées conjointement avec son mari ? Comment fixer surtout les dates respectives de ces diverses natures d'hypothèque qui remontent, d'après l'art. 2155 du Code civil, au jour même de l'obligation ou de la vente ?

Et dans tous les autres cas, que la femme se marie

sous le régime dotal ou sous celui de la communauté conventionnelle, le contrat a beau expliquer quelle est l'importance de la dot et des conventions matrimoniales, les donations, les successions postérieures au mariage changent presque toujours du tout au tout la position de la femme vis-à-vis de son mari; au surplus, il est difficile que le contrat lui-même ne contienne pas une clause, telle par exemple, que celle *de la constitution des biens présens et à venir*, qui rende impossible toute appréciation des droits et de l'hypothèque légale de la femme.

Il y a mieux : les dispositions littérales du Code, son esprit même semblaient avoir prévu deux hypothèses où les biens du mari seraient complètement affranchis de l'hypothèque légale de sa femme : la première était celle où la femme a déclaré se marier séparée de biens, ou se marier en paraphernal; la seconde était celle où la femme s'est constitué une dot en immeubles, ou a stipulé un emploi de sa dot mobilière en acquisition d'immeubles qu'elle a déclarés inaliénables.

La raison à en donner était, dans le premier cas, que la femme qui administre sa fortune n'a plus besoin de la protection spéciale de la loi, et qu'elle peut s'inscrire elle-même; dans le second, que la femme ayant le droit de revendiquer l'immeuble dotal que son mari a aliéné, elle n'a rien, quant à ce, à réclamer contre lui.

Mais, malgré la controverse qui existe encore sur ces deux questions entre différens tribunaux et différens jurisconsultes (1), la cour de cassation a jugé plusieurs fois (2), 1.º que la femme avait sur les biens de son mari une hypothèque légale dispensée d'inscription pour toutes les sommes paraphernales qu'il avait touchées ; 2.º que lorsque son mari avait aliéné ses immeubles dotaux, malgré les prohibitions de la loi et du contrat, elle pouvait opter, aux termes de la loi 30 *C. de Jure dotium* et de l'article 1560 du Code civil, entre la revendication de ces immeubles, ou une hypothèque légale sur les biens de son mari pour raison du prix que celui-ci en avait retiré.

Ainsi, tant que cette jurisprudence ne changera pas, il n'est aucun mari qui puisse se dire affranchi de l'hypothèque légale, de l'hypothèque indéfinie de sa femme ; et comme cette hypothèque légale est en même temps générale, comme elle porte enfin sur tous les biens présens et à venir du mari, il

---

(1) Grenier, *Traité des Hypothèques*, tome 1.ᵉʳ, pag. 482, 562 ; Tarrible, Répertoire de Jurisprudence, au mot *Inscription hypothécaire*.

(2) Sirey, 22, 1, 379, et Denevers, 21, 1, 449.

n'en est aucun qui puisse prouver à un prêteur qu'il possède des biens libres de toute hypothèque.

Il a cependant le droit de demander, avant ou pendant le mariage, que cette hypothèque légale ne porte que sur certains de ses immeubles, et que les autres en soient affranchis(1) : mais il doit être rarement en position d'user de cette faculté, parce qu'on est toujours dans une grande incertitude sur l'étendue des droits de la femme; et dans l'usage, en effet, rien n'est moins fréquent que cette réduction d'hypothèque. C'est d'ailleurs une question fort délicate, et qui n'a jamais été examinée, que celle de savoir si la réduction ayant été obtenue avant l'évènement qui a rendu la femme créancière du mari, (avant les donations et successions à elle échues, avant les dettes par elle contractées dans l'intérêt du mari, etc., etc., etc.), son hypothèque légale ne grèverait pas encore, quant à ce, les autres immeubles du mari.

En conséquence, malgré les dispositions des articles 2140 et suivans du Code civil, malgré celles de l'article 2136, malgré les clauses que le mari aurait fait insérer dans son contrat pour échapper

---

(1) Aux termes des articles 2143, 2144 et 2161 du Code civil.

à une partie des suites désastreuses de cette hypothèque légale, (qui est dispensée d'inscription,
qui est de nature indéterminée, qui peut acquérir
chaque jour plus d'importance, qui frappe à la fois
tous ses immeubles d'une sorte d'anathème), elle
le poursuit, elle s'attache à lui comme la fatalité;
elle l'atteint, elle l'entrave dans toutes ses transactions; et cela, on l'a déjà établi, sans aucun
avantage réel pour la femme, vis-à-vis de laquelle
l'excessive prévoyance du législateur est presque
toujours impuissante, que la loi *flatte et trompe* en
même temps ! !

Et il est à remarquer que toutes ces observations
s'appliquent avec non moins de force, soit au tuteur, soit au mineur et à l'interdit, auxquels les dispositions des art. 2136, 2140 et suivans sont communes.

Or, qu'on réfléchisse maintenant à l'énorme quantité d'immeubles qui sont grevés, ou qui peuvent
être grevés d'un moment à l'autre, de l'hypothèque
légale des femmes mariées, des mineurs et des interdits; qu'on daigne considérer que la moitié au
moins des propriétaires sont ou maris ou tuteurs;
qu'en cette qualité, ils n'ont presque jamais d'immeubles libres à offrir à leur prêteur, et qu'ils sont
ainsi hors d'état d'emprunter sur hypothèque ! Et

qu'on décide ensuite si nos hypothèques légales dispensées d'inscription, conséquemment générales et indéterminées, ne sont pas un obstacle insurmontable à la consolidation, à l'amélioration de notre système hypothécaire, si elles n'en sont pas enfin la plaie la plus envenimée!

Mais indépendamment de ce vice radical, indépendamment de ceux déjà signalés, que de choses encore à critiquer et à corriger dans cette partie si importante de notre législation? Que de choses aussi à y ajouter (1)?

Voilà le prêteur édifié sur la légitimité du titre de propriété de l'emprunteur : le voilà sûr que le privilége de tous les vendeurs successifs de l'immeuble est éteint par leur payement intégral, et que

---

(1) Il est difficile cependant de partager l'opinion d'un auteur (qui est aussi celle de M. Grenier, *Traité des Hypothèques*, tom. 2, pag. 124), qui demande que les délais de l'art. 834 du Code de procédure civile soient portés *à un mois*, et qu'ils ne datent même que du jour où un extrait de la transcription aurait été inséré dans un des journaux du département : le délai *de quinzaine* est bien suffisant pour donner au créancier hypothécaire antérieur à la transcription le temps de se faire inscrire, *s'il est diligent;* et, s'il ne l'est pas, pourquoi ses intérêts prévaudraient-ils, aux yeux de la loi, sur ceux du vendeur ou de l'acquéreur, qui ont souvent besoin de recevoir ou de payer dans un bref délai?

l'emprunteur ayant pour lui une possession de dix et vingt ans, n'a plus d'éviction à craindre de la part d'un acquéreur antérieur : le voilà sûr enfin que l'immeuble sur lequel porterait son hypothèque n'est grevé d'aucun privilége, d'aucune hypothèque légale non inscrite, d'aucune hypothèque générale et indéterminée.

Il a encore à vérifier la capacité contractuelle de l'emprunteur ; et la loi ne lui en fournit pas toujours les moyens : peut-être même que quelquefois sa sévérité, son injustice sont extrêmes.

Un emprunteur aura été interdit ou pourvu d'un conseil judiciaire : il aura fait cession de biens ; il aura été mis en état de faillite par un jugement ; il aura été condamné à une peine emportant interdiction légale, telle que les travaux forcés ou la réclusion ; sa femme aura fait prononcer leur séparation de biens (1), toutes circonstances qui ont une notoriété *légale*, mais que le prêteur ignorera très-souvent, surtout dans les grandes villes.

Pourquoi aux moyens de publicité actuels, dont l'insuffisance paraît démontrée, n'en ajouterait-on pas un bien simple, l'inscription de ces jugemens

---

(1) Une séparation de biens, sans frapper le mari d'une incapacité légale, le prive souvent de revenus très-considérables, et sa solvabilité n'est plus la même.

sur

sur un registre particulier tenu par le conservateur du domicile (1)?

Mais ce qu'il importe avant tout de modifier, c'est la disposition combinée de l'art. 2146 du Code civil et de l'art. 443 du Code de commerce, disposition qui frappe d'inefficacité les inscriptions prises dans les dix jours d'une faillite, lors même qu'elles l'auraient été en vertu d'un titre antérieur (2).

Grace à cette règle, une nouvelle classe d'immeubles, ceux des commerçans, se trouvent encore exclus du cercle déjà très-étroit dans lequel un prêteur prévoyant doit placer ses capitaux : car son hypothèque peut être quelque jour annihilée par une déclaration de faillite, rendue six mois ou un an après l'inscription, et qui fera néanmoins remonter la faillite à une date postérieure, de moins de dix jours, à celle de l'obligation ou de l'inscription. Or, ce danger doit bien être mis à côté de celui auquel un capitaliste s'expose en prêtant à un mari

---

(1) On demanderait aussi l'inscription des mariages et des tutelles, si on ne croyait pas que les hypothèques légales qui en résultent, doivent être soumises elles-mêmes à la formalité de l'inscription.

(2) Cette inscription ne donne même au prêteur aucune priorité sur les créanciers chirographaires, à défaut d'autres créanciers hypothécaires. (Grenier, tom. 2, pag. 155).

4

ou à un tuteur, en acceptant pour sûreté de son hypothèque un immeuble dont tout le prix n'est pas payé, ou dont l'emprunteur n'est pas en possession depuis dix et vingt ans, etc., etc., etc.

Et à quel propos a-t-on placé le prêt sur hypothèque fait à un commerçant, dans une autre catégorie que la vente qu'il aurait faite de ses marchandises à l'un de ses créanciers, que l'aliénation de ses immeubles à titre onéreux qu'il aurait consentie, dans les dix jours de sa faillite?

Ces deux espèces d'actes ne sont pas annulés de plein droit; ils sont simplement susceptibles d'être rescindés pour cause de fraude : pourquoi donc un acte hypothécaire, qui n'est qu'une aliénation indirecte de la propriété, est-il traité plus sévèrement?

Serait-ce dans l'objet de rendre la condition des créanciers plus égale?

Mais ce motif aurait dû faire aussi annuler, *de plein droit*, les ventes de marchandises faites à un créancier dans les dix jours de la faillite; d'ailleurs, il autoriserait tout au plus à appliquer la règle au créancier chirographaire *antérieur*, qui, dans les dix jours de la faillite, *obtient* et prend une inscription sur les immeubles du failli : celui-là a en effet amélioré sa position au détriment des autres créanciers; et il existe peut-être à son égard une sorte de présomption légale qu'il n'a réclamé une hypothèque, que parce qu'il a deviné la situation critique de son débiteur.

Or, on n'a pas, certes, le même reproche à adresser à celui qui, dans les dix jours de la faillite, contracte *pour la première fois* avec un négociant, et qui ne contracte évidemment que sous la foi de l'hypothèque consentie en sa faveur : cependant, on ne se contente pas d'annuler alors l'inscription! on pousse la sévérité jusqu'à l'annuler également, quoique l'acte en vertu duquel elle a été prise *ait une date antérieure* (1)*!*

------

(1) Il est bien évident cependant qu'aucune présomption de fraude ne se rattache à cette dernière espèce d'inscriptions, et que pour celles-là du moins la règle devrait être modifiée; cette hypothèse n'est autre, à beaucoup d'égards, que celle du créancier hypothécaire *antérieur* que l'art. 834 du Code de procédure civile autorise, malgré sa négligence présumée, à se faire inscrire dans la quinzaine de la transcription.

Au reste, le créancier qui contracte *pour la première fois* avec le failli dans les dix jours qui précèdent la faillite, est, à très-peu de chose près, dans la même position.

Mais lorsqu'il s'agit d'un *ancien* créancier chirographaire qui est devenu hypothécaire, il semble juste d'annuler, de plein droit, l'hypothèque consentie dans les dix jours de la faillite; et peut-être même qu'il ne faut alors considérer que la date de l'inscription, parce qu'autrement le créancier et le failli pourraient s'entendre, pour ne pas faire inscrire de suite une hypothèque consentie antérieurement.

Qu'en résulte-t-il ?

Que les biens immeubles des négocians n'offrent au prêteur qu'une sûreté souvent illusoire; qu'une faillite remontant presque toujours à une date antérieure, de beaucoup, à l'entière suspension des payemens, il ne suffirait pas au prêteur de déposer la somme prêtée pendant les dix jours qui suivent son inscription; que le prêteur sur hypothèque, par conséquent, doit éviter de contracter avec un négociant, comme avec un comptable, un mari, un tuteur; et qu'une classe nombreuse de la société, celle des négocians, est obligée de recourir à un autre mode d'emprunt beaucoup plus onéreux, celui des circulations et des crédits de banque (1).

Mais enfin, le prêteur sur hypothèque est parvenu à découvrir un emprunteur qui n'a point d'éviction à redouter de la part des vendeurs et d'un

---

(1) On a demandé même que l'inscription d'un acte hypothécaire antérieur à la faillite produisît tout son effet, quand elle est prise dans le mois *qui suit la faillite*, et dans le mois de l'ouverture d'une succession acceptée sous bénéfice d'inventaire : mais ce serait violer tous les principes du droit ancien et moderne qui, après la faillite et le décès, ne permettent pas aux créanciers de faire aucun acte conservatoire; ce serait, d'ailleurs, sacrifier les créanciers chirographaires à des hypothécaires qui ont évidemment une négligence *grave* à se reprocher.

premier acquéreur, qui n'est d'ailleurs ni comptable, ni mari, ni tuteur, ni négociant ! Que de précautions il a encore à prendre pour consolider son hypothèque ! Que de formalités à remplir pour veiller à la conservation de ses droits ; que de difficultés à vaincre pour obtenir son payement ; et combien son gage peut diminuer de valeur, grâce aux vices du système !

Et d'abord, on peut se demander quelle est la nécessité de la plupart des formalités auxquelles la validité de l'inscription est subordonnée, d'après l'art. 2148 du Code civil ! Quoique la jurisprudence ait fini par établir ici une distinction très-juste entre les formalités substantielles et celles qui ne le sont pas, celles réputées substantielles sont encore trop nombreuses ; et il semblerait que lorsque une inscription a été prise de fait sur les biens du débiteur, que lorsque le montant de la dette est connu, que lorsque l'immeuble hypothéqué a été suffisamment désigné, les tiers ne sont pas recevables à se plaindre d'aucune autre omission ou inexactitude (1).

---

(1) La désignation inexacte du domicile réel du créancier, celle de l'époque de l'exigibilité de la créance, sont encore des causes de nullité, d'après des arrêts de cassation des 6 juin 1810 et 15 janvier 1817.

Maintenant, et abstraction faite de ces querelles de nullité que les tribunaux, il faut l'avouer, sont peu disposés à accueillir, supposons l'hypothèque conservée par une inscription régulière et par un renouvellement fait en temps utile : les droits du créancier hypothécaire peuvent être encore gravement compromis (1).

Il n'habite pas dans le ressort de l'arrondissement de la conservation ; il est donc obligé d'y faire une

---

(1) On a fait observer, à ce sujet, qu'il était étrange que l'art. 2198 du Code civil, dans certains cas, n'attribuât aucun effet à l'inscription régulièrement prise et renouvelée que le conservateur aurait omis de mentionner dans ses certificats ! Mais pourrait-on la rétablir à son rang, après l'homologation de l'ordre et la distribution du prix, sans altérer essentiellement le principe *de publicité* qui doit être la base du système hypothécaire ? Et pour prévenir le danger (très-rare d'ailleurs) qu'on paraît avoir en vue, ne suffirait-il pas de soumettre les conservateurs à un cautionnement plus considérable ?

On a fait observer encore qu'il serait juste, 1.° de faire distribuer entre les créanciers hypothécaires, et suivant l'ordre de leurs inscriptions, le prix d'une coupe *extraordinaire* de bois qui aurait été faite par le débiteur, ainsi que la somme qui lui serait due, en cas d'incendie, par une compagnie d'assurances ; 2.° d'autoriser les créanciers à faire résilier les baux de plus de neuf ans ; 3.° d'annuler les quittances des prix de ferme et de loyer qui auraient été payés par anticipation, etc., etc.! Mais il semble que ces cas particuliers et tous les autres du même genre peuvent être résolus, d'après les principes généraux du droit, sans devenir l'objet d'une disposition spéciale.

élection de domicile, d'après le paragraphe premier
de l'art. 2148 ; mais comme cet article ne le soumet
pas à la faire chez une personne intéressée à veiller
pour lui, c'est-à-dire chez *un avoué* (1), il arrive
qu'elle est presque toujours faite ailleurs ! Et de là,
la conséquence que la plupart des créanciers inscrits ignorent les notifications faites au domicile
par eux élu ; que, dans le cas de l'art. 2183 du
Code civil, dans le cas de l'art. 695 du Code de
procédure civile, ils sont presque toujours privés du droit de surenchérir et de faire porter à
sa vraie valeur l'immeuble affecté à leur hypothèque (2).

Cependant, voilà le créancier averti que l'immeuble a été vendu volontairement au-dessous de sa
vraie valeur, et qu'il est en perte de tout ou partie de sa créance ! Dans cette position, il devrait
faire la surenchère du dixième, autorisée par l'article 2185 ; mais il recule presque toujours devant
l'obligation exorbitante qui lui est imposée de four-

(1) L'avoué y serait intéressé en ce sens que, survenant
une surenchère ou une expropriation forcée, il aurait l'espoir
d'occuper pour le créancier.

(2) Le danger est à-peu-près le même lorsque le créancier
fait élection de domicile chez le conservateur, parce que rien
n'oblige le conservateur à envoyer aux créanciers les copies
de ces notifications.

nir une caution, jusqu'à concurrence du prix et des charges.

Il est, avec raison, effrayé de la difficulté qu'il aurait, 1.° à trouver cette caution, 2.° à la faire admettre, d'après les conditions et les formalités exigées par la loi (1); et il se résigne ainsi, malgré lui, à un sacrifice souvent énorme.

Or, pourquoi le créancier est-il soumis ici à donner une caution, qu'en matière d'expropriation forcée on n'exige pas de l'adjudicataire ou du surenchérisseur du quart? La garantie offerte par ceux-ci est, tout entière, dans la revente à leur folle enchère et dans la contrainte par corps qui en est la suite, d'après l'art. 744 du Code de procédure civile; et l'on s'accoutume difficilement à l'idée de voir un créancier hypothécaire traité moins favorablement.

La vente de l'immeuble a-t-elle été judiciaire? Un très-long délai sépare presque toujours la saisie de l'adjudication, parce que le Code de procédure est combiné de manière à éterniser les expropriations; et d'un autre côté, on sait que l'inscription ne conserve les intérêts que pendant deux ans et l'année courante (2).

---

(1) Par les art. 2018 et 2019 du Code civil.
(2) Art. 2151 du Code civil.

Néanmoins l'art. 689 du Code de procédure décide que tous les fruits, échus depuis la dénonciation au saisi, seront immobilisés pour être distribués avec le prix de l'immeuble par droit d'hypothèque ! D'où il suit que si des incidens multipliés ont retardé l'adjudication définitive de plusieurs années, comme cela arrive assez souvent, le premier créancier inscrit sera en perte d'une partie de ses intérêts (sans avoir à se reprocher de les avoir laissé arrérager), tandis que le créancier sur lequel les fonds devaient manquer, d'après le rang de son inscription, sera payé avec les fruits immobilisés de plusieurs années !

Pour être juste, il aurait donc fallu ordonner, au moins, la répartition des fruits *au marc le franc* entre les créanciers colloqués, sauf à imputer ces fruits, le cas échéant, sur les intérêts conservés par l'inscription (1) : car, dans la rigueur des principes,

---

(1) Dans ce système, si la poursuite en expropriation avait duré deux ans, et n'avait été entamée par le créancier poursuivant qu'à l'expiration des deux ans et de l'année courante pendant lesquels ses intérêts sont conservés, ce créancier serait colloqué, 1.º pour les intérêts de deux ans et de l'année courante ; 2.º pour sa part proportionnelle de deux ans de fruits.

Dans le système créé par l'art. 689 du Code de procédure civile, il perd entièrement les deux ans de fruits : ce qui est souverainement injuste.

les fruits devraient se distribuer entre les créanciers, suivant le rang de leurs hypothèques, pour
leur tenir lieu des intérêts qui ont couru depuis la
saisie, et qui ne sont pas conservés par l'inscription.

On vient de parler des lenteurs inséparables d'une
expropriation forcée! En effet, elles sont telles,
que c'est peut-être là une des principales causes qui
éloignent les capitaux de toute espèce de prêts hypothécaires, de ceux même qui offrent le plus de solidité.

Sans ces lenteurs, beaucoup de capitalistes pourraient donner la préférence à cette nature de placement, parce que l'immeuble et l'emprunteur une
fois bien choisis, on ne peut nier que la garantie ne
soit réelle : mais comment ne pas être effrayé de la
triste perspective offerte par le Code de procédure
civile à un prêteur hypothécaire obligé de faire vendre l'immeuble de son débiteur, obligé ensuite de
provoquer la distribution du prix de cet immeuble?

Ce n'est que trente jours après le commandement
qu'il peut faire procéder à la saisie : cette saisie doit
être accompagnée d'une foule de formalités, prescrites *à peine de nullité* : elle est suivie du cortége,
au moins inutile, de trois publications avec affiches

et placards, et d'une adjudication préparatoire qui doit précéder de six semaines l'adjudication définitive : tout ce *luxe* de procédure établit entre le commandement et l'adjudication définitive un délai obligé de *neuf mois* (1) ; et il n'y a pas de débiteur de mauvaise foi qui, assisté d'un avoué un peu complaisant, ne puisse doubler, quadrupler même ce délai !

Vient ensuite l'ordre à ouvrir pour la distribution du prix ! Et là, commence un nouveau procès bien plus compliqué, bien plus long que le premier, dont le créancier n'est jamais sûr d'entrevoir le terme, parce que le délai dans lequel l'ordre provisoire doit être dressé n'a point été *suffisamment* déterminé, parce qu'il en est d'autres qui ont été étendus sans nécessité (2), parce que là s'élèvent des discussions très-ardues, et qui tiennent, soit à la nature même des choses, soit aux vices de notre législation hypothécaire sur les priviléges, sur les hypothèques légales dispensées d'inscription, et sur les autres points déjà énumérés.

Qu'on songe maintenant à la singulière, à la fâcheuse position du créancier hypothécaire qui se

____

(1) Voir les art. 673 et suivans du Code de procédure civile.
(2) Voir les art. 749 et suivans du Code de procédure civile.

trouve engagé dans ces éternels débats, qui a toujours à craindre qu'une question imprévue de séparation de patrimoines, d'éviction, de demande en distraction, de forclusion, ne remette ses droits en problème; qui est d'ailleurs condamné à rester privé pendant cinq ou six ans de la jouissance de son capital et de ses intérêts; qui est obligé de recourir dans ce long intervalle à des emprunts plus ou moins onéreux ! Et on n'hésitera pas à reconnaître qu'il faut, de deux choses l'une, ou changer presque entièrement cette partie du Code de procédure civile, ou renoncer à voir les capitaux affluer vers de pareils placemens.

Et l'état actuel des choses est d'autant plus extraordinaire, que les règles tracées sur ce point par la loi du 11 brumaire an 7, approchaient à beaucoup d'égards de la perfection; elles conciliaient en général les intérêts du débiteur et du créancier.

Elles n'autorisaient qu'un intervalle obligé de trois mois entre le commandement et l'adjudication : elles décidaient que les affiches tenaient lieu de saisie ; elles ne multipliaient pas les appositions d'affiches et les publications du cahier des charges, toutes formalités qui n'apprennent rien au public; elles ne faisaient pas précéder l'adjudication définitive d'une adjudication préparatoire sans utilité réelle. Elles supprimaient ainsi la meilleure partie des causes de nullité; et chose importante, elles ne permettaient pas de les proposer avant le jour de l'adjudication.

Mais, d'un autre côté, arrivant le cas où deux bougies s'éteindraient sans que le prix de l'immeuble fût porté à quinze fois le revenu, elles voulaient que l'adjudication fut renvoyée au moins à vingt jours, et que de nouvelles affiches fussent apposées dans cet intervalle; après quoi, l'adjudication définitive avait lieu, sans qu'aucune surenchère fût admise.

Pour la distribution du prix, maintenant, elles abrégeaient les délais, les formalités actuellement en vigueur; et si ce système laissait quelque chose à désirer dans les détails, le principe au moins devait en être respecté.

Aussi, tout le monde le reconnaît, la plupart des précautions nouvelles dont les auteurs du Code de procédure civile ont eu l'air d'entourer l'expropriation forcée et la distribution du prix des immeubles, n'ont eu qu'un objet, le désir mal déguisé d'enrichir le fisc aux dépens des débiteurs obérés; et c'est même un des points de vue sous lesquels la question du prêt hypothécaire doit être envisagée.

N'examinons pas si le but a été atteint, si le fisc

a plus gagné en frais d'expropriation et d'ordre qu'il n'a perdu en droits d'hypothèques, en droits sur les transactions diverses qu'entraîne à sa suite la libre circulation des capitaux.

Ne nous occupons que de l'influence que ce système de fiscalité a exercée sur le prêt hypothécaire; et disons hardiment, sans craindre d'être démenti, qu'elle a été des plus désastreuses.

Depuis la loi du 28 avril 1816, les droits de mutation, la transcription comprise, s'élèvent à plus de six pour cent (1) : or, l'on est généralement d'accord que ce droit est exorbitant, et qu'il arrêterait beaucoup de mutations, si, dans les ventes volontaires, on n'avait pas la ressource des contre-lettres, pour réduire le prix apparent à la moitié ou au tiers du prix réel.

Dans les ventes judiciaires, on n'a pas les mêmes facilités ; aucune partie du prix n'y peut être dissimulée : ainsi, l'immeuble vendu par expropriation est déjà grevé, par la force même des choses, d'un droit de mutation à-peu-près double de celui qui grève les autres natures d'immeubles.

---

(1) Savoir, *cinq et demi* pour cent de droit principal, de plus, ce *dixième de* SUBVENTION DE GUERRE, que nous continuons de payer, malgré les quinze ans de paix qui ont suivi la restauration !

Et si c'est l'acquéreur qui débourse le montant de ces droits de mutation, c'est bien le vendeur qui le paye en réalité, en supportant une réduction équivalente sur le prix de l'immeuble; de la même manière que l'impôt indirect, perçu sur le consommateur, réagit presque toujours sur le producteur!

En conséquence, qu'aurait dû faire le législateur?

Oublier un peu les intérêts du fisc qui ne peuvent prévaloir sur les droits du malheur, et diminuer le plus possible les frais d'expropriation!

Il aurait même dû aller encore plus loin; et il aurait dû réduire les droits de mutation sur les immeubles vendus par expropriation, dans une proportion telle, que, réunis aux frais de poursuite, ils n'excédassent pas le droit de six pour cent dont les ventes volontaires sont grevées. Il aurait dû considérer, d'ailleurs, que le prix des ventes forcées ne pouvant jamais être dissimulé, un droit de trois pour cent, par exemple, rapporterait tout autant, pour cette espèce de ventes, que le droit de six pour cent auquel les aliénations volontaires sont soumises (1).

____

(1) Cette réflexion fait sentir la nécessité de réduire aussi les droits de mutation à percevoir sur les ventes de biens de mineurs où rien ne peut être dissimulé.

Au lieu de cela, qu'a-t-il fait?

Il a tellement multiplié les formalités de l'expropriation forcée et de l'ordre, que ces frais réunis à ceux des droits de mutation absorbent quelquefois la moitié, quelquefois le tiers, presque toujours le quart ou le cinquième de la valeur des immeubles expropriés (1) !

Pour en donner quelques exemples, supposons que dans une ville du troisième ordre, comme Dijon, Poitiers ou Grenoble, on ait poursuivi l'expropriation forcée d'un immeuble valant réellement 3550 fr. ! Les frais ordinaires de poursuite s'élèveront, les droits de mutation compris, à environ 550 fr. (2) que l'adjudicataire sera obligé de rembourser à l'avoué du créancier poursuivant; moyennant quoi, son enchère sera diminuée d'autant, et n'arrivera qu'à 3000 fr.

----

(1) On peut même soutenir que dans beaucoup de cas, lorsque la valeur de l'immeuble n'excède pas 1200 fr., lorsque l'immeuble est situé dans une commune rurale, et nécessite des *transports* d'huissier, les frais de poursuite absorbent à-peu-près la totalité du prix.

(2) Il convient de faire observer que dans le compte détaillé qui en a été fait, le tarif à la main, on a tout calculé au plus bas : il aurait été très-facile, à l'occasion du même immeuble, de faire un état de dépens, fort régulier, de 650 à 700 fr.; et cela, sans même supposer des *transports* d'huissier qui occasionent, à eux seuls, une grande augmentation de frais.

Voilà

Voilà donc un premier article de frais
de. . . . .   55o fr.

Auquel il faut ajouter, pour les frais
privilégiés d'un ordre où quatre créanciers seulement auraient figuré.   200

Plus, pour frais de production des
quatre créanciers.   120

Plus, pour frais extraordinaires de
poursuite et d'ordre, qui sont aussi payables par privilége sur le prix, d'après
les art. 716 et 768 du Code de procé-
dure.   Mémoire.
                                            ─────────
                Total. . . . .   87o fr.
                                            ─────────

Ce qui fait à peu-près le quart de 355o fr.

Supposons maintenant que la poursuite a eu
lieu à Paris, que l'immeuble s'est vendu 10,000 fr.,
et qu'il y a six créanciers produisans :

Les frais ordinaires de poursuite, mis à la charge
de l'adjudicataire, seront d'environ. . 1475 fr. (1)
                                       ─────────
                                            1475

──

(1) C'est ce qui résulte d'un état de frais, dans lequel tout a
été calculé pour l'hypothèse la plus favorable, pour celle où des

5

$$\text{*Report*.} \quad \dots \dots \dots \dots \quad 1475 \text{ fr.}$$

Les frais privilégiés de l'ordre, s'é-
lèveront à. 65o

Ceux de production des six créanciers, monteront à. 25o

Les frais extraordinaires de poursuite
et d'ordre. . . . . Mémoire.

$$\text{Total.} \quad \dots \dots \dots \dots \quad 2375 \text{ fr.}$$

C'est-à-dire, près du quart de 10,000 fr.

Et comme il est très-rare qu'il ne s'élève pas de
nombreux incidens dans la poursuite et dans l'ordre,
comme les frais de cet incident ont été portés ici
pour simple mémoire, comme ils augmentent très-
souvent de moitié les frais ordinaires d'ordre et de
poursuite, ces deux exemples suffisent pour faire
entrevoir toute l'étendue du mal.

Dira-t-on que lorsque l'immeuble exproprié a
une plus grande valeur, les frais de la poursuite et
de l'ordre n'augmentent pas dans la même proportion? On peut répondre qu'alors les incidens se mul-

---

transports d'huissier n'auraient pas été nécessaires, où les actes
à signifier seraient peu volumineux, où le débiteur ne serait pas
en fuite, où l'immeuble saisi n'aurait ni fermier, ni loca-
taire, etc., etc.

tiplient, et que le résultat finit par être à-peu-près le même.

Dans ce cas, d'ailleurs, il arrive assez fréquemment, surtout à Paris, que la poursuite en expropriation, *dans des vues apparentes d'économie*, se convertit en une vente précédée, seulement, des formalités exigées pour la vente des biens des mineurs; suivant la faculté accordée par l'art. 747 du Code de procédure. Or, comme cette espèce de vente judiciaire a lieu hors de la présence des créanciers inscrits, ils ont le droit de faire la surenchère *du dixième* autorisée par l'art. 2185 du Code civil; et la surenchère une fois faite, d'après le vœu de l'article 2187 du même Code, on procède à la revente dans la forme établie pour les expropriations forcées, ce qui double à-peu-près les frais de poursuite.

Et, pour le dire en passant, conçoit-on qu'à la suite de la surenchère sur aliénation volontaire, il y ait nécessité de procéder suivant les formes établies pour l'expropriation forcée? Du moment où les seuls créanciers hypothécaires étaient admis à faire la surenchère, n'était-il pas de conséquence qu'ils fussent seuls admis aussi à concourir à la revente? Et dès-lors, pourquoi recourir à d'autres préalables que celui d'une notification de la surenchère à chaque créancier inscrit, avec indication du jour de la revente?

Quoi qu'il en soit, au reste, et pour en revenir aux frais actuels de l'expropriation forcée et de l'ordre, il est généralement avoué qu'ils sont d'une exagération ridicule : ils le sont, abstraction faite des incidens qui forment le cortége obligé de ces procédures ; et pour se faire une juste idée de leur multiplicité, il suffit de considérer, au sujet de l'expropriation forcée seulement, que l'art. 717 du Code de procédure civile prescrit, *à peine de nullité*, l'exacte observation de *vingt-cinq formalités* dont la plupart sont sans utilité réelle, et que cet article est suivi d'un titre en *trente* articles, intitulé *des Incidens sur la poursuite de saisie immobilière*, qui traite des demandes en subrogation, des demandes en distraction, des reventes sur folle enchère, etc., etc. ! !

Il est donc urgent de chercher le remède à un mal aussi grave, qui frappe les regards de tout le monde sans exception, ceux des capitalistes comme ceux des gens d'affaires, et qui décrie notre système hypothécaire dans toutes les classes de la société.

Or, ce remède se présente naturellement.

Il consiste à simplifier la procédure de l'expropriation forcée et celle de l'ordre, pour que, d'une part, le créancier utilement inscrit soit payé plus promptement, pour que, de l'autre, un créancier en perte ne voie pas consommer en frais inutiles et exorbitans une grande partie du prix qui lui semblait affecté.

Il consisterait aussi à diminuer des deux tiers, c'est-à-dire à réduire *à deux pour cent*, les droits de mutation des immeubles vendus par expropriation, et qui payent, d'autre part, au trésor des droits de mutation *indirects*, mais très-considérables.

Il consisterait enfin à réduire dans une proportion moins forte, dans la proportion de moitié seulement, les droits de mutation perçus sur les ventes volontaires, ce qui les élèverait encore *à trois pour cent*.

Et hâtons-nous de dire que cet utile changement pourrait s'opérer, sans diminuer en rien les produits de l'enregistrement, sans altérer, sans troubler cette source importante de nos revenus! Car ceux qui prêchent l'économie dans les dépenses de l'État, n'obtiennent jamais, en dernière analyse, qu'un déplacement de dépenses plus ou moins déguisé : la loi des crédits supplémentaires vient toujours élever nos budgets au niveau du même *milliard;* et l'on ne gagne rien à demander la suppression des cumuls et des sinécures, la diminution du luxe vraiment

scandaleux de nos états-majors et de nos adminis-
trations civiles ou financières, la réduction de l'intérêt des rentes sur l'État et du fonds d'amortissement ! Un *milliard* sera toujours employé à com-
bler le gouffre des prodigalités du ministère ! !

Ainsi, tout système d'amélioration législative qui
amènerait à sa suite une réduction quelconque du
revenu public, doit être rangé, pour le moment,
dans la classe de ces Utopies politiques dont l'application est reconnue impossible.

Mais quelques observations rapides prouveront
qu'il serait facile de concilier ici les besoins de la
société et les intérêts du trésor.

L'enregistrement est, de tous les impôts indirects,
celui contre lequel on fait le moins d'objections :
la perception n'en est pas très-coûteuse (1); il n'expose pas le contribuable aux mêmes vexations journalières que les douanes et les droits réunis; enfin,
comme l'impôt foncier, il est en général payé par
les contribuables dans la proportion de leurs fortunes.

____

(1) Ces frais de perception ne s'élèvent guère qu'au *sept
et demi* ou au *huit* pour cent des produits bruts, tandis que
pour les contributions indirectes et les droits de douanes, ils
varient du *treize* au *quinze* pour cent.

Sous ce dernier rapport, cependant, il est loin d'avoir atteint toute la perfection désirable : on n'a pas pris les précautions nécessaires pour empêcher qu'en matière de succession ou de donation, il ne soit fait de fausses déclarations; on n'a pas cherché à proscrire pour jamais ces ventes et ces autres transactions *privées* qui se multiplient chaque jour davantage, et qui échappent à toute perception de droits; on tolère ces contre-lettres *non enregistrées* qui dissimulent souvent la moitié du prix d'une vente! Enfin, on n'a point essayé d'atteindre, d'une manière directe, la fortune souvent colossale de ces hommes qui ne possèdent ni immeubles ni contrats notariés, et qui, avec un portefeuille tout rempli de bons de dépôt, de billets sur papier libre, de rentes sur l'Etat, d'actions de la banque de France ou d'autres valeurs du même genre, ne contribuent aux charges publiques qu'en payant *leur part de l'octroi et de la contribution personnelle et mobilière!*

Et quelle est la conséquence d'un pareil état de choses ?

L'homme riche, l'homme instruit en affaires, l'homme sachant lire et écrire, l'homme majeur, font de fausses déclarations de successions ou de donations; ils donnent et acceptent des contre-lettres; ils signent toute espèce d'actes de vente, de baux à ferme et à loyer, de transactions et de marchés *sous signature privée* qu'ils se réservent de faire enregistrer, seulement, en cas de contestation judiciaire : pour le placement de leurs capitaux enfin, ils s'affranchissent presque toujours du droit d'enregistrement (1).

Le pauvre, au contraire, le paysan, l'ouvrier, l'illitéré, le mineur y restent soumis dans tous leurs actes, dans tous les détails de leur fortune mobilière et immobilière : ils ne peuvent pas hériter, acquérir, louer, affermer, contracter de quelque manière que ce soit, sans le retrouver à leur porte, et ils ne peuvent jamais lui *mentir!*

Ainsi, nos lois d'enregistrement enlacent dans leurs nombreux filets la partie la plus malheureuse, la plus faible de la société, tandis que l'autre peut les transgresser impunément.

Or, pour faire cesser ce disparate choquant, cette bizarre anomalie, il suffirait peut-être d'y ajouter quatre dispositions, statuant :

---

(1) Il convient d'ajouter qu'ils sont très-souvent victimes de la tolérance de la loi, qui amène à sa suite des fraudes et des abus de confiance auxquels les actes enregistrés ne peuvent pas être exposés : ainsi, dans leur propre intérêt, un changement de législation est à désirer.

La première, que les droits à percevoir sur les immeubles seraient réglés sur le revenu imposable, tel qu'il est porté au cadastre, abstraction faite du prix indiqué dans le contrat (1).

La seconde, qu'aucun acte privé quelconque, synallagmatique ou unilatéral, ne serait admis en justice et ne donnerait ouverture à une action, s'il n'avait été *enregistré* (moyennant des droits déterminés d'après la nature des actes, mais dont *le maximum* n'excéderait jamais *un demi pour cent*), dans les dix jours, ou dans le mois de sa date (2); et que la règle s'appliquerait aussi aux rentes sur l'État, aux actions de la banque de France, et à toute espèce d'effets publics (3).

La troisième, que, pour les lettres de change ou billets à ordre, en continuerait de se servir d'un timbre proportionnel, valable seulement pendant un an; et que tout effet de commerce *sur papier*

---

(1) Sauf à avoir égard, dans la fixation du tarif, à la modicité des bases *du revenu net* sur lesquelles le cadastre a été établi assez généralement.

(2) Cette disposition ne serait pas plus injuste que celle de l'art. 1341 du Code civil qui exige qu'il soit passé acte de toutes choses excédant 150 fr., *sous peine de voir déclarer la demande* NON-RECEVABLE !

(3) Même à ceux payables dans les pays étrangers, comme les rentes de Naples, d'Espagne, etc., etc.

libre ne donnerait également ouverture à aucune action.

La quatrième, que les rentes sur l'Etat, les actions de la banque de France, toute autre espèce d'effets publics (1), et tous actes portant reconnaissance d'une dette, seraient soumis, chaque année, *sous la même peine*, à la formalité d'un nouvel enregistrement, dont *le maximum* serait également de *demi pour cent;* au moyen de quoi, les transferts et cessions de ces divers titres de créances ne seraient plus soumis qu'à un droit *fixe* (2).

---

(1) A l'égard des rentes sur l'Etat, des actions de la banque de France, et des autres effets publics payables en France, ce droit d'enregistrement pourrait se percevoir *par voie de retenue* sur les arrérages et dividendes annuels; ce qui les affranchirait du danger *de la déchéance.*

(2) Il est à remarquer qu'une loi du 2{ août 1795, qu'une autre loi du 9 vendémiaire an 6, assujettissaient les transferts de rentes sur l'Etat à un enregistrement *d'un pour cent :* or, un renouvellement annuel d'enregistrement répartit l'impôt d'une manière beaucoup plus égale, surtout quand le tarif en est *modéré;* et la même observation s'applique aux actes portant reconnaissance d'une dette.

Pourquoi, d'ailleurs, la loi ne ferait-elle pas payer *annuellement* la sanction qu'elle donne à nos conventions, comme elle fait payer chaque année la protection qu'elle accorde à nos immeubles?

Seulement, au lieu de frapper de *déchéance* celui qui n'aurait pas renouvelé chaque année l'enregistrement de son titre

Il ne faut pas se le dissimuler, un premier cri de réprobation ne manquerait pas de s'élever contre ces quatre dispositions; et il partirait certainement des sommités de la société qui parleraient d'inquisition, de fiscalité, d'injustice, et qui chercheraient à couvrir de ce voile grossier un intérêt personnel mal déguisé !

Mais un examen réfléchi, mais l'expérience, en démontreraient bientôt les avantages.

On ne tarderait pas à reconnaître que toute autre considération doit fléchir devant cette loi de tous les temps, devant cette loi d'équité sanctionnée par l'art. 2 de la Charte, qui veut que tous les citoyens contribuent *indistinctement, dans la proportion de leur fortune,* aux charges de l'Etat;

---

de créance, on pourrait peut-être se contenter de le taxer, pour chaque transgression, à l'amende du *dixième* qui est maintenant perçue pour les billets et lettres de change *sur papier libre:* car celui qui néglige de payer le renouvellement du droit, doit être traité moins sévèrement que celui qui se soustrait au payement du *premier* droit; il peut n'avoir été que *négligent!*

On pourrait encore laisser au créancier, à la partie qui n'a pas fait *renouveler* en temps utile l'enregistrement de son titre, la faculté de déférer le serment à son débiteur, à son adversaire. Cette action, dont le succès serait toujours fort incertain, n'engagerait guère à s'affranchir du droit : mais elle offrirait une dernière ressource à celui qui, par négligence, aurait laissé expirer les délais de l'enregistrement *annuel.*

On verrait, d'un autre côté, que c'est un moyen fort simple d'augmenter sensiblement cette branche de nos revenus, d'alléger en revanche le fardeau des droits réunis qui, par leur nature, pèsent en grande partie sur la classe pauvre;

On aurait aussi la juste espérance de voir tarir, alors, la source des nombreux procès que fait naître le désir d'échapper au payement de la plupart des droits d'enregistrement;

On sentirait encore que cette augmentation dans le produit général des droits d'enregistrement permettrait de réduire, de beaucoup, les droits actuellement existans sur les successions et sur les donations en ligne collatérale, ainsi que ceux perçus dans les faillites, tous droits dont l'énormité excite des plaintes générales;

On sourirait enfin à l'idée de pouvoir également réduire de moitié, peut-être des deux tiers, les droits de mutation des ventes volontaires ou forcées, de pouvoir simplifier les formalités de l'expropriation et de l'ordre, et de voir ainsi corriger un des vices les plus graves de notre système hypothécaire.

Sans doute qu'il y aurait encore bien des précautions à prendre, bien des dispositions accessoires à introduire dans nos lois et dans nos réglemens

administratifs, pour ramener sur le prêt hypothécaire la confiance qui lui est due et qu'il a perdue :
sans doute qu'aux causes déjà signalées de sa défaveur, sans doute qu'à celles qui prennent leur
source dans la nature même de ces placemens, il
vient s'en joindre d'autres qui l'entretiennent plus ou
moins directement, et qui appellent aussi l'attention
du législateur ! Mais si les premières étaient dé-
truites, les autres auraient bientôt disparu : l'édi-
fice une fois reconstruit, il serait facile d'en perfectionner les détails.

Ceci se lie à la seconde question du programme,
sur les obstacles qui s'opposent à la direction des
capitaux vers le prêt hypothécaire !

Le moment est donc venu de la traiter.

SECONDE PARTIE

DES

DIVERS OBSTACLES

QUI S'OPPOSENT A LA DIRECTION

DES CAPITAUX

VERS LE PRÊT HYPOTHÉCAIRE.

Ces obstacles sont de deux espèces :

Les uns sont nés des vices, des imperfections de notre législation ; les autres tiennent à l'essence même des choses, et rien ne peut les faire disparaître.

Parlons d'abord de ceux-ci :

Notre système hypothécaire repose avec raison sur le principe de la publicité : car ce n'est que par elle qu'on peut apprécier les dangers, ou la solidité, d'un prêt sur hypothèque. Mais cette publicité fatigue, sous quelques rapports, une certaine classe de capitalistes qui s'appliquent la maxime *du sage*, et qui aiment à cacher, non pas leur vie, mais leurs affaires : le besoin de *thésaurisation* qui tourmentait quelquefois nos pères est toujours le même, ou à-peu-près : seulement, il a pris une direction plus utile ; seulement, à une cassette *improductive*, on a substitué un placement en effets publics ou en bons de dépôt, qui produisent de beaux intérêts, et qui peuvent être enveloppés du même mystère que la cassette. Il sera donc toujours impossible de diriger cette partie de nos capitaux vers le prêt hypothécaire.

Maintenant, admettons que notre législation a reçu sur ce point tous les perfectionnemens dont elle est susceptible! La plupart des capitalistes seront encore hors d'état de juger, par eux-mêmes, de la solidité d'un placement sur hypothèque : après avoir personnellement vérifié la valeur réelle de l'immeuble, leur ignorance des affaires les obligera presque toujours de recourir à l'avocat, au notaire, à l'avoué, pour l'examen des titres de propriété ou du bordereau des inscriptions! Et comme on aime en général à voir clair, et à voir par ses yeux, dans l'administration de sa fortune, beaucoup de pères de famille continueront d'acheter des effets publics, ou de placer leurs économies chez un banquier : la crainte d'une banqueroute ou de la réduction des rentes, dont ils ont pu calculer eux-mêmes les chances, les effraiera moins que la perspective d'un ordre dont ils ne comprennent pas la complication, et dont le résultat peut leur faire perdre aussi la meilleure partie de leur créance.

Parler d'un ordre, d'ailleurs, c'est, dans toutes les hypothèses possibles, offrir aux capitalistes l'idée d'un débat judiciaire, plus ou moins long, pendant lequel ils ne toucheront ni capital ni intérêts ; et le plus grand nombre désirent avoir à jour fixe la libre disposition du tout, celle au moins des intérêts ! Beaucoup reculent aussi devant l'obligation où ils peuvent être de poursuivre eux-mêmes l'expropriation forcée de l'immeuble hypothéqué, ainsi que la distribution du prix, et de s'associer par-là à toutes les angoisses inséparables de la destinée du plaideur.

D'un autre côté, nous avons bien une maxime de droit qui suppose que l'on doit toujours connaître la condition de celui avec qui l'on contracte; mais elle n'empêche pas qu'on ne puisse souvent ignorer cette condition, surtout dans les grandes villes, et qu'on ne puisse en conséquence prêter son argent *à un incapable*, ou à un mari, à un tuteur, à un comptable grévés d'une hypothèque légale absorbant toute la valeur de leurs biens ! Or, en le confiant à l'État, à la banque de France, à un négociant, on n'a point ce danger à redouter.

Et

Et un homme d'affaires éclairé (après même le perfectionnement de notre système hypothécaire) ne pourrait-il pas aussi préférer ces trois dernières espèces de placement, à un prêt sur hypothèque qui le soumet, dans tous les cas, à une vérification assez délicate de la situation de l'emprunteur, qui lui fait toujours craindre la priorité de quelques priviléges, qui l'obligerait peut-être un jour à devenir adjudicataire de l'immeuble hypothéqué, qui lui offre enfin, si l'on veut, plus de sûretés réelles, mais plus de sollicitude et d'embarras ?

On ne saurait donc se faire illusion, le prêt hypothécaire aura toujours de nombreux détracteurs ; il aura toujours beaucoup de peine à lutter avec avantage contre les placemens en rentes sur l'Etat, en actions de la banque de France et en effets publics de toute nature, contre ceux aussi que le commerce offre aux capitalistes, et qui séduisent par leur solidité réelle ou apparente, par leur simplicité, surtout par le mystère qui les enveloppe.

Cependant le prêt hypothécaire, non pas tel qu'il est, mais tel qu'il devrait être, semble appelé à jouer encore un grand rôle dans nos transactions, et à influer puissamment sur le bien-être de la société.

Il peut, par une heureuse concurrence, main

tenir le taux de l'intérêt, de manière à ne pas trop altérer nos fortunes mobilières : il peut en même temps procurer des ressources précieuses à l'agriculture et au commerce intérieur, qui sont aujourd'hui à la discrétion des banquiers, et qui n'empruntent d'eux qu'à des conditions onéreuses : il peut enfin réaliser le vœu patriotique de l'honorable M. Casimir Perier, « réclamant, au nom du commerce et de l'agriculture, des améliorations qui » permettent d'étendre le crédit dont l'un et l'autre » ont besoin (1)! »

Mais pour que le prêt hypothécaire atteigne ce but désirable, il faut le rendre aussi solide, aussi simple, aussi commode, aussi avantageux que possible : plus il a d'obstacles naturels, obligés, à franchir, plus il importe de faire disparaître tous ceux qui, embarrassant également sa marche, sont soumis du moins à l'action du législateur.

Cette seconde espèce d'obstacles se subdivise : ils sont, ou *directs* ou *indirects*.

Les obstacles *directs* naissent des dispositions législatives qui vicient notre système hypothécaire jusque dans sa base, et leur énumération est facile

***

(1) Dans une lettre au Messager des Chambres, et aux autres journaux, du 6 février 1829.

à faire ; elle n'est autre que l'analyse de la première partie de ce Mémoire.

Il ne faut pas espérer que le prêt hypothécaire appelle à lui la confiance, tant que le vendeur qui a transcrit aura un privilége dispensé d'inscription, soit pour le capital, soit pour tous les intérêts arrérages de son prix de vente ; tant que le vendeur qui n'a pas fait transcrire pourra, pendant trente ans et malgré les reventes intermédiaires, exercer une action en résolution de la vente ; tant qu'après avoir transcrit, il aura la faculté d'opter entre son privilége et l'action résolutoire ; tant qu'une vente non transcrite prévaudra sur une vente transcrite, mais *postérieure !* Car sous l'empire de cette législation, le prêteur a toujours à craindre qu'un privilége antérieur à son hypothèque, et indépendant de toute inscription, ne vienne absorber une partie quelconque de la valeur de l'immeuble; ou qu'une action résolutoire, une action en revendication, tout-à-fait imprévue ne fasse tomber son hypothèque elle-même.

Le privilége du trésor public sur les biens acquis par les comptables et par leurs femmes, son hypothèque légale sur les autres biens des comptables, sont aussi un grand obstacle à écarter, si l'on veut que les capitaux se portent sur les placemens par hypothèque. Le prêteur n'aime pas, et ne peut pas aimer à se trouver en présence d'un adversaire aussi puissant : il est justement effrayé de l'idée de voir le trésor armé d'une hypothèque indéterminée qu'on n'est presque jamais en position de discuter; et il n'a aucun moyen d'éviter ce redoutable contact, puisque le privilége, l'hypothèque légale, une fois inscrits, affectent par leur généralité tous les biens présens et à venir du comptable.

La même observation s'applique à l'hypothèque légale des communes et des établissemens publics sur les biens de leurs receveurs et administrateurs comptables, avec cette seule différence qu'elle est d'une application assez rare et que les effets en sont d'ailleurs limités, tandis que celle du trésor public peut couvrir une bonne partie du sol, qu'elle peut être prise pour sûreté de sommes fort importantes, et qu'elle peut engager beaucoup de comptables à acheter sous des noms supposés (1).

Il faudrait donc, ou supprimer tout-à-fait ces pri-

---

(1) Il faut consulter sur cela *l'honorable* M. de Bully, membre de la Chambre des députés, ancien payeur du département du Nord, qui a fait *le candide aveu* qu'il aurait pris une précaution de ce genre pour soustraire une partie de ses biens à l'hypothèque légale, au privilége du trésor!

viléges, ces hypothèques légales, qu'un supplément de cautionnement, qu'un dépôt de rentes peut rendre tout-à-fait inutiles, ou tâcher d'en affaiblir la fâcheuse influence, en faisant cesser leur indétermination et leur généralité.

Quant aux hypothèques judiciaires, elles offrent à-peu-près le même inconvénient, parce qu'elles sont quelquefois indéterminées, parce qu'elles peuvent affecter la généralité des biens présens et à venir du débiteur ; et comme elles grèvent de manière ou d'autre un grand nombre de propriétés, telles qu'elles sont maintenant constituées, elles apportent beaucoup d'entraves au prêt hypothécaire.

Mais ces entraves ne sont rien auprès de celles que fait naître l'hypothèque légale des femmes mariées, des mineurs et des interdits ! Son indétermination, sa généralité, son défaut de publicité terrifient tous les prêteurs : ils ne peuvent connaître ni sa date, ni ses limites, ni son importance ; ils la trouvent toujours subsistante pendant les trente ans qui suivent la cessation du mariage ou de la tutelle; ils la retrouvent encore sur les biens du mari dont la femme s'est constitué un paraphernal ou des immeubles déclarés inaliénables par le contrat ; ils peuvent, enfin, la voir reparaître du chef d'un ancien propriétaire, et d'autant plus menaçante qu'elle était moins attendue! Ils doivent donc repousser, les yeux fermés, tout placement dont l'hypothèque reposerait sur un immeuble déjà grevé d'une hypothèque légale de cette nature; et, au milieu des mariages, des tutelles, des mutations de propriété qui se succèdent dans les familles, quel est l'immeuble qu'on peut garantir libre de toute espèce d'hypothèque légale en faveur d'une femme mariée, d'un mineur ou d'un interdit?

Ainsi, là paraît être le vice le plus substantiel de notre système hypothécaire; et l'on ne doit placer peut-être qu'en seconde ligne, 1.° cette étrange préférence accordée à la première vente, quoique non transcrite, sur une vente postérieure et *transcrite*; 2.° ce privilége exorbitant du vendeur, qui est dispensé d'inscription, qui s'étend à tous les intérêts arréragés, et qui marche de front avec l'action résolutoire!

Au surplus, et pour achever la longue nomenclature des obstacles *directs* qui s'opposent à la direction des capitaux vers le prêt hypothécaire, il convient d'y comprendre :

1.° L'incertitude du prêteur sur la capacité contractuelle de l'emprunteur, surtout quand cet emprunteur est commerçant;

2.° Le danger qu'il court de ne pas être averti

des notifications qui doivent lui être faites, en cas d'aliénation volontaire ou d'expropriation forcée;

3.º L'obligation qui lui est imposée de fournir caution, pour pouvoir faire une surenchère sur aliénation volontaire;

4.º La disposition de l'art. 689 du Code de procédure civile qui, dans une expropriation forcée, ordonne la capitalisation des fruits, au lieu de les faire distribuer *au marc le franc* entre les créanciers colloqués;

5.º Les lenteurs interminables, les inextricables difficultés de la procédure d'expropriation forcée et de la distribution du prix des immeubles;

6.º Les frais énormes de poursuite, ordinaires ou extraordinaires, qu'occasionent maintenant une expropriation forcée et un ordre;

7.º Enfin, l'exagération *positive* et *relative* des droits de mutation.

Telle est donc, ou à-peu-près, l'analyse fidèle des causes *directes* qui frappent le prêt hypothécaire de défaveur, et auxquelles il est le plus urgent de porter remède.

Mais, à côté des causes directes, il en est plusieurs d'*indirectes* qui méritent d'être prises en considération, dont le programme sollicite aussi l'examen (1), et qu'il convient par conséquent d'énumérer.

Si les titres hypothécaires étaient d'une transmission facile, si cette transmission pouvait se faire sans.frais et avec sûreté, les capitaux du commerce, comme les économies du simple particulier, se dirigeraient volontiers vers cette nature d'emploi : le négociant y trouverait l'avantage d'un placement solide qu'il aurait la faculté de réaliser, avant l'échéance, lorsque les besoins de son commerce l'exigeraient ; et le capitaliste verrait lui-même avec plaisir que les obligations hypothécaires qu'il a dans son portefeuille, peuvent avoir la mobilité de la lettre de change.

Dans l'état actuel des choses, au contraire, négocians et capitalistes répugnent également à se charger d'obligations hypothécaires dont la cession *notariée ou enregistrée* devient très-coûteuse (2), dont la cession *privée et non enregistrée* accompagnée d'une procuration , expose à de grands abus de confiance, et qui sont par conséquent, dans leurs

---

(1) Il appelle l'attention spéciale des concurrens *sur la transmission des contrats, sur le libre taux de l'intérêt, sur la vente à réméré, etc., etc, etc.*

(2) Le droit d'enregistrement, seul, est d'*un pour cent* par chaque cession.

mains, une valeur à-peu-près morte : ils préfèrent prêter au propriétaire de l'immeuble sur ses simples billets, et à un intérêt très-élevé, en lui faisant payer, le plus chèrement possible, *la prime* du danger auquel ils s'exposent !

Le législateur de l'an 3 avait voulu parer à cet inconvénient, et faciliter la circulation des valeurs hypothécaires : dans cet objet (et par la loi du 9 messidor an 3), il avait imaginé le système des cédules hypothécaires, qui ne tarda pas à être proscrit par la loi du 11 brumaire an 7 et par le Code civil.

Il est permis de dire que ce fut avec raison : malgré les perfectionnemens que quelques auteurs modernes ont cherché à y introduire, ce système, très-spécieux, il faut en convenir, est d'une application à-peu-près impossible.

Le système originel exige, de la part du conservateur lui-même, une garantie de la valeur des immeubles hypothéqués aux cédules mises en circulation : or, à quel prix chaque conservateur n'aurait-il pas porté une garantie pareille, qui était de nature à compromettre tôt ou tard sa propre fortune, qu'il aurait pu restreindre d'ailleurs de manière à la rendre à-peu-près illusoire?

Le système perfectionné substitue une garantie donnée par des compagnies anonymes à celle du conservateur; il ne propose donc autre chose que la création de compagnies d'assurances, telles que la *banque territoriale* et la *caisse hypothécaire*, dont l'exemple ne semble pas encourageant (1)!

Mais peut-être qu'on arriverait au même but, et par un moyen beaucoup plus simple, en autorisant formellement des obligations à *ordre*, transmissibles, comme la lettre de change, par la voie d'un endossement qui serait mis au dos de la grosse même du titre, et qui ne serait soumis à aucun droit d'enregistrement (2).

Ces obligations à ordre sont déjà en usage sur quelques places de commerce (notamment à Lyon),

---

(1) L'une suspendit ses payemens dès les premiers temps de sa création, et perdit la meilleure partie de son fond social : l'autre paraît être *en liquidation !!*

(2) A moins que pour donner à ces endossemens une date certaine, chose qui ne paraît pas rigoureusement nécessaire mais qui peut être utile, on ne les soumit, comme un des concurrens l'a demandé, à un droit fixe de *trois francs*.

Bien entendu, au reste, que ces endossemens (comme on l'a fait observer avec beaucoup de raison), à défaut de stipulation particulière, ne soumettraient le cédant qu'à la garantie de ses faits et promesses, suivant la règle consignée à l'art. 1693 du Code civil : dans cette nature d'endossemens, la solvabilité personnelle du débiteur de l'obligation, celle même du cédant, n'ont pas dû influer sur la détermination du cessionnaire.

où elles ont facilité le prêt hypothécaire : mais il leur manque la sanction solennelle de la loi ; il leur manque surtout d'être affranchies de ce droit d'enregistrement d'*un pour cent,* qui permet à peine une ou deux cessions successives du titre.

Pourquoi les obligations hypothécaires, qui sont essentiellement destinées à venir au secours de l'agriculture, ne jouiraient-elles pas du même privilége que le billet à ordre et la lettre de change dont la libre transmission, par la voie de l'endossement, a été imaginée dans l'intérêt du commerce?

Sans prononcer entre Colbert et Sully, l'agriculture et le commerce ont droit aux mêmes protections , aux mêmes encouragemens, aux mêmes facilités ; et l'obligation hypothécaire , grevée à son origine d'un droit d'enregistrement *d'un pour cent,* grevée plus tard d'un droit de quittance *de demi pour cent* (dont aucun ne pèse sur les engagemens commerciaux) (1), devrait être au moins autorisée à circuler, entre les mains des capitalistes et des négocians, aussi facilement que la lettre de change.

---

(1) Le timbre proportionnel du billet à ordre et de la lettre de change, malgré ses fréquens renouvellemens, ne s'élève jamais jusque-là.

Au surplus, pourquoi cette charge énorme d'*un pour cent*, sur chaque revirement, grèverait-elle les capitaux les plus utiles, ceux qui se sont voués aux besoins de l'agriculture, lorsque les trois milliards qui représentent la partie *mobile* de nos Rentes, lorsque les actions de la banque de France et les autres natures d'effets publics se transfèrent, d'une tête sur l'autre, sans être soumis à aucune espèce de droit de timbre ou d'enregistrement! lorsqu'on a abrogé, enfin, les lois du 24 août 1793 et du 9 vendémiaire an 6 qui avaient formellement grevé le transfert des rentes sur l'Etat du droit proportionnel *d'un pour cent?*

Il est bien évident que, toutes choses égales d'ailleurs, le capitaliste doit donner la préférence au placement dont la réalisation ne lui occasione aucuns frais: par conséquent, si l'on alléguait les besoins du fisc, dans l'objet de justifier le droit *d'un pour cent* qui pèse sur la cession des créances hypothécaires, on devrait au moins consentir qu'il fût réduit de moitié, et qu'il grevât, dans la même proportion, le transfert de tous les effets publics.

Qu'en résulterait-il?

Que le jeu sur les rentes et sur les autres effets publics serait moins actif sans doute, qu'il s'opèrerait moins de transferts *simulés* ou provisoires, et que le prêt sur effets publics ne jouirait plus de la même faveur.

Mais il en résulterait aussi que moins de fortunes iraient s'engloutir dans le gouffre de l'agiotage, que le cours de la rente resterait dans ses limites naturelles, et que l'action de la caisse d'amortissement serait plus prompte et plus efficace.

Au reste, sans nuire en rien aux intérêts du trésor, il serait peut-être possible d'affranchir la circulation des créances hypothécaires, celle des autres natures de créances et celles des effets publics, de toute espèce de droit d'enregistrement. Du moment où la libre circulation des créances hypothécaires serait proclamée, un plus grand nombre de capitaux se jetteraient de ce côté, parce qu'alors la solidité y pourrait être unie à la commodité; et le trésor gagnerait bien en droits d'obligation ce qu'il perdrait en droits de cession : car maintenant, la plupart de ces cessions se font par un acte privé non enregistré, accompagné d'une procuration, malgré le danger qui en est inséparable.

Mais à côté de ces nouvelles règles sur la transmission des contrats, il serait indispensable d'en introduire une qui rétablit le libre taux de l'intérêt *conventionnel*, en matière civile et commerciale, tel que nos premières assemblées législatives l'avait proclamé, tel qu'il a été autorisé jusqu'à la promulgation de la loi du 3 septembre 1807 : la protection due au prêt hypothécaire en fait sentir la nécessité ; le commerce et l'industrie l'appellent aussi de tous leurs vœux.

Faisons d'abord remarquer que toutes les autres parties de notre législation reposent sur le principe de la libre concurrence : elle a repoussé le *maximum*, le monopole, les priviléges, les maîtrises, tout ce qui semblait porter une atteinte directe ou indirecte à notre droit de propriété, au plein et entier exercice de nos facultés : elle s'est donc mise en contradiction avec elle-même lorsqu'elle a fixé un *maximum* au taux de l'intérêt conventionnel, soit en matière civile, soit en matière commerciale! Pour être conséquente, elle n'avait qu'une chose à faire, fixer le taux de l'intérêt *légal*, c'est-à-dire le taux de l'intérêt que les tribunaux doivent allouer lorsque la convention ne l'a pas déterminé ; arrivée là, elle devait nécessairement s'arrêter.

Elle le devait à tous égards; car en voulant fixer le taux de l'intérêt *conventionnel*, dans nos relations civiles et commerciales, elle n'a fait que rendre l'usure plus exigeante et la fraude plus ingénieuse.

Maintenant, l'usurier n'accepte plus de billets

portant une stipulation d'intérêts au *douze* ou au *quinze* pour cent! Mais il retient sur la somme qu'il livre, en échange du billet, un intérêt plus fort encore qu'autrefois, parce qu'il faut bien que l'énormité du bénéfice compense pour lui le danger, plus ou moins probable, d'une condamnation judiciaire.

Le *petit banquier* des départemens se gardera bien aussi de prêter son argent au-dessus du taux de *six* pour cent, *maximum* de l'intérêt conventionnel en matière commerciale! Mais il renouvellera de trois en trois mois, de deux en deux mois, son précieux droit de commission qu'il élèvera même, suivant les circonstances, *d'un quart à un pour cent!* Et il parviendra ainsi, malgré toutes les prohibitions de la loi, à obtenir du prêteur l'intérêt du *huit* ou *dix* pour cent auquel il croit avoir droit, d'après la rareté plus ou moins grande de l'argent.

Il usera même d'une autre ressource : il se fera présenter à l'escompte des billets à ordre ou des lettres de change; et d'après la jurisprudence que la force des choses a fait admettre (1), il pourra alors pressurer son emprunteur impunément! Il le pourra, surtout, s'il pousse la précaution jusqu'à se faire

---

(1) Voyez un arrêt de la cour de cassation du 8 avril 1825, qui est rapporté dans Sirey, tom. 25, 1, 358.

endosser des effets de commerce payables sur une autre place que la sienne : car il se mettra alors sous la complaisante égide des variations du change, de la stagnation ou de l'activité des affaires, circonstances qui, d'après la même jurisprudence, autorisent encore toute espèce d'accords entre le cédant et le cessionnaire d'une lettre de change (1).

Et des facilités analogues, plus grandes même à tous égards, sont laissées par la loi au capitaliste qui prête sur dépôt de rentes, d'actions de banque, ou de marchandises : il n'a qu'à feindre d'acheter au comptant, et de revendre à terme ; et c'est aussi ce qu'il fait journellement ! Grace à cette simulation, dont aucun tribunal ne contestera la légalité, il obtient un intérêt double ou triple de l'intérêt légal; et il ne veut pas, on le conçoit, entendre parler du prêt hypothécaire qui ne lui offrirait jamais les mêmes moyens d'échapper aux injonctions de la loi.

Dans le prêt hypothécaire, en effet, en présence d'un notaire consciencieux qui peut exiger devant lui la numération effective des espèces, il est assez difficile d'opérer sur le capital une retenue illégale

____

(1) Voyez un autre arrêt de cassation du 8 novembre 1825, rapporté par Sirey, tom. 25, 1, 84.

d'intérêts ;

d'intérêts ; et en supposant que l'on y supplée par des billets ou par tout autre mode, l'emprunteur ne donne jamais cet excédant d'intérêt (de quelque manière qu'il le donne), que pour le temps à courir jusqu'à l'échéance de l'obligation ! De sorte qu'arrivant le cas (assez ordinaire à la suite des prêts hypothécaires) d'une expropriation forcée et d'un ordre, le prêteur est alors privé pendant trois ou quatre ans du supplément de revenus sur lequel il avait compté : or, cela seul, on le sent, doit faire donner la préférence aux prêts d'une autre nature.

Et, d'ailleurs, examinée en elle-même, la limitation du taux de l'intérêt *conventionnel* est bien difficile à justifier.

Oublions ici les règles religieuses (qu'il faut bien se garder de confondre avec la religion elle-même) qui, après avoir prohibé toute espèce d'intérêt, ont fini par tolérer l'intérêt *du cinq pour cent !* et qui, plus tard par conséquent, toléreraient aussi le *libre taux* de l'intérêt, de la même manière que, malgré leur apparente inflexibilité, elles ont tour-à-tour défendu et toléré les alliances entre certaines classes de parens, le mariage des prêtres, l'aliénation des biens de l'église, etc., etc., etc.!!!

Examinons la question sous un point de vue purement civil, purement commercial! Et, sans y donner de plus grands développemens, disons qu'il est injuste de ne pas laisser au capitaliste la faculté de profiter des circonstances qui élèvent le taux de l'intérêt conventionnel, lorsqu'il est forcément soumis à toutes celles qui peuvent journellement l'abaisser! Disons encore qu'il ne faut pas entreprendre une chose véritablement impossible, l'assimilation du mauvais et du bon débiteur! Disons enfin qu'il faut être sobre de ces lois dont la transgression est si facile, de celles auxquelles on peut appliquer à chaque instant l'ingénieux apologue *de la Guêpe, de la Mouche et de la Toile d'araignée!*

Quoi, l'usure marcherait tête levée! quoi, ce fléau de la société serait toléré! quoi, ce délit resterait impuni!

Mais autorisez la même concurrence, proclamez la même liberté, pour le prêt à intérêt que pour toutes les autres transactions civiles ou commerciales, et il est probable que vous en recueillerez les mêmes fruits, un équilibre aussi juste que la situation des choses le comporte entre les besoins de l'emprunteur et les exigences du prêteur, entre la pénurie des capitaux et le prix auquel on les prêtera. La France actuelle a autant d'usuriers, ou à-peu-près, que la France de la révolution ; et dans les pays où l'argent est marchandise, en Angleterre, par exemple, la lèpre de l'usure ne paraît pas plus contagieuse qu'ailleurs.

Au surplus, qui empêcherait de laisser subsister les peines établies contre l'usure, en rapportant la loi qui limite le taux de l'intérêt *conventionnel*?

Alors, les tribunaux correctionnels feraient l'office de jurés : alors, ils seraient appelés à consulter le taux moyen de l'intérêt, la nature du placement, et toutes les circonstances accessoires du prêt ; leur censure serait plus arbitraire, en apparence ; mais elle serait plus éclairée, et par conséquent plus équitable.

Le libre taux de l'intérêt rétabli, il faudrait encore rapporter la loi étrange, la loi immorale, qui, faisant une exception scandaleuse au droit commun, prohibe la saisie-arrêt du capital et des arrérages des rentes sur l'Etat ! Elle décrédite le prêt hypothécaire qui reste, lui, soumis à la double action de la saisie-arrêt et de l'hypothèque en sous ordre, aux termes des art. 557 et 778 du Code de procédure civile ! Elle fait plus encore, elle facilite, elle autorise, elle protège ces banqueroutes frauduleuses qui sont la terreur du commerce, et dont le spectacle sans cesse renouvelé atteste hautement les vices de cette partie de notre législation! Elle rappelle enfin, à quelques égards, *ces asyles* que la superstition avait consacrés chez plusieurs peuples anciens et modernes, où les plus grands criminels allaient chercher et trouvaient trop souvent l'impunité (1)!!

On conçoit bien les motifs politiques qui avaient fait imaginer cette loi : à l'époque où elle fut promulguée, le 8 nivôse an 6, les rentes sur l'Etat étaient horriblement dépréciées; *cinq francs de rente* se vendaient à peine *huit* ou *dix* francs; et peut-être qu'il fallait chercher en effet *per fas et nefas* à leur rendre alors quelque crédit !

Mais ces motifs ne subsistent plus : les rentes sur l'Etat ont dépassé le pair de beaucoup; la réduction, l'impôt, l'enregistrement annuel dont on finira nécessairement par les grever, ne les feront jamais descendre au-dessous; et en autorisant leur saisie-arrêt, la dépréciation qu'elles éprouveraient ne serait sans doute que momentanée. Au surplus, si

---

(1) L'abus est poussé si loin, que le porteur du titre, quel qu'il soit, peut percevoir les arrérages : il en résulte, *d'après une opinion généralement accréditée*, qu'un assez grand nombre d'inscriptions se trouvent (par suite d'un coupable *abus de confiance*) entre les mains de personnes qui n'en sont pas propriétaires, et qui en touchent néanmoins les arrérages *à leur profit!*

cette atteinte portée à leur injuste inviolabilité venait à les frapper de quelque défaveur, l'amortissement n'en serait que plus rapide et l'Etat plus vite libéré, sans qu'on eût cependant aucun manque de foi à lui reprocher.

L'Etat ne pourrait donc être retenu que par le vain amour-propre de voir ses Rentes se soutenir au-dessus du pair, et donner au public une haute idée de sa prospérité! Or, il est difficile d'admettre que d'aussi faibles considérations fassent fléchir la règle générale de droit et d'équité qui est consignée dans l'art. 2093 du Code civil, et d'après laquelle *les biens du débiteur sont le gage commun de ses créanciers* (1).

Et la faveur due au prêt hypothécaire sollicite encore une seconde mesure non moins importante que la première, commandée également par cet esprit de justice, de sagesse et de conservation qui doit toujours diriger le législateur.

----

(1) Il est à remarquer que l'art. 185 de la loi du 24 août 1793 autorisait formellement la saisie-arrêt du capital et des arrérages des rentes sur l'Etat : il convient encore de faire observer que la comptabilité du trésor ne serait pas plus entravée par ces saisies-arrêts, que par celles qu'on fait journellement dans ses mains contre ses autres créanciers, contre ses divers employés ou pensionnaires.

Chaque année, on entend faire aux Chambres d'énergiques protestations contre ces maisons de jeu que la police tolère, encourage même, et qui sont en effet l'abyme où beaucoup de fortunes vont journellement s'engloutir.

Chose étonnante, cependant ! Aucune voix ne s'élève pour faire proscrire impitoyablement le jeu *à terme* sur les effets publics, jeu qui consiste à acheter ce qu'on serait dans l'impuissance de payer, à vendre ce qu'on ne pourrait presque jamais livrer ; jeu pour lequel il faut nécessairement *user et abuser* de son crédit, et plus dangereux sous ce rapport que *la roulette* et *le trente-un* où l'on ne perd au moins que ce qu'on a ; jeu qui séduit par ses trompeuses facilités, qui, à chacune de nos différentes phases politiques ou financières, berce les joueurs des mêmes illusions que l'absurde système de Law, et qui trop souvent les conduit aussi à l'hôpital avec leurs dupes et *leurs complices !*

Et ce jeu appelle à lui d'immenses capitaux qu'il a détournés du prêt hypothécaire : car c'est lui qui a donné naissance au prêt sur dépôt de rentes, d'actions de la banque de France ou des autres effets publics, dont tout le monde connaît la haute importance, qui constitue à lui seul la moitié peut-être des opérations de la bourse.

Il est donc indispensable, dans le double intérêt du prêt hypothécaire et de la conservation de toutes les fortunes, de tâcher de mettre un terme à ce terrible jeu ; or, pour y parvenir, il convient de rendre les règles actuelles plus sévères.

Elles se bornent à ne pas reconnaître la légalité des dettes contractées à la bourse, par les opérations *à terme* qu'elles assimilent à une dette de jeu, à un pari ! Il faut aller plus loin : il ne faut pas permettre aux bulletins de la bourse de faire connaître les *variations journalières* de ce jeu ; il faut défendre aux agens de change d'en être les intermédiaires, et ce, à peine d'amende ou de destitution !

Le prêt hypothécaire y gagnera, les fortunes particulières aussi.

L'Etat lui-même y gagnera, et par une voie très-légitime, en ce sens que la rente descendant alors à son cours naturel, il la rachètera à meilleur marché ; et il est sensible, d'un autre côté, que son crédit n'est plus intéressé à ce que le jeu de la bourse soutienne, élève le prix de la rente : ce crédit est trop solidement affermi pour avoir besoin d'un secours aussi décrié.

Les agens de change seuls y perdront ; mais l'intérêt particulier d'une compagnie, *fût-il des plus légitimes*, ne doit pas prévaloir sur l'intérêt général.

Voilà les effets publics soumis aux mêmes saisies-arrêts que les autres natures de créances ; les voilà dépouillés de l'odieux privilége du jeu de bourse ! Mais ne sont-ils pas encore plus favorisés que les prêts hypothécaires, et même que le prêt commercial, auxquels se lie cependant la prospérité de l'agriculture et de l'industrie ? L'un et l'autre enfin ne sont-ils pas soumis directement ou indirectement à des droits d'enregistrement et de timbre, dont il serait juste de grever aussi les rentes sur l'Etat, les actions de la banque de France et tous les autres effets publics ?

D'une part, la Charte veut, on l'a déjà rappelé, que tous les Français *contribuent aux charges publiques, dans la proportion de leurs fortunes* : d'autre part, comment s'expliquer le motif d'équité qui a pu faire établir une disproportion de charges aussi choquante entre ces différentes natures de créances ? Que l'une paye un peu moins que l'autre, en raison de la perpétuelle mobilité qui lui fait payer plus souvent, cela se conçoit ; mais que l'une paye beaucoup et l'autre rien, c'est une énigme inexplicable et une injustice criante qui est toute au détriment du prêt hypothécaire.

Quant au motif politique, il doit être placé à côté de celui qui avait fait déclarer les rentes insaisissables, qui a fait tolérer, encourager même le jeu de la bourse! Il ne mérite donc aucune faveur, maintenant que notre crédit repose sur la double base d'une situation prospère, d'une bonne foi à toute épreuve.

Ainsi, il y aurait justice distributive, sans aucun danger politique, à grever les transferts de rentes sur l'Etat d'actions de la banque de France et de tous autres effets publics, d'un enregistrement quelconque (1), si les cessions de créances hypothécaires y restaient soumises ; ou, dans le cas contraire, d'un simple droit de timbre proportionnel qui assimilerait cette nature de créances à la lettre de change.

Le prêt hypothécaire, déjà affranchi des autres entraves dont il a été successivement parlé, pourrait alors soutenir la concurrence avec le placement sur effets publics ; il pourrait même finir par être préféré.

Il n'aurait plus besoin que de quelques réglemens, la plupart de simple administration, dont l'objet serait :

---

(1) En faisant revivre le principe consacré par les lois des 24 août 1793 et 9 vendémiaire an 6, sauf à réduire le droit d'*un* pour cent à *demi* pour cent.

1.º De bien édifier le prêteur sur les droits de propriété de l'emprunteur;

2.º De lui faire connaître, aussi exactement que possible, la valeur de l'immeuble hypothéqué;

3.º De lui faire également connaître toutes les hypothèques qui grèvent cet immeuble;

4.º De faciliter, autant que possible encore, la radiation des hypothèques devenues sans objet, ainsi que la délivrance des bordereaux d'inscription et de transcription, et d'en diminuer le salaire.

Sur le premier point, on a proposé un vaste système qui se lierait à la confection générale du cadastre, et dont l'exécution serait par conséquent impossible dans l'état actuel des choses. Ce système aurait de plus le grave inconvénient d'ajouter de nouvelles charges à celles qui grèvent déjà le prêt hypothécaire, et de le compliquer sous beaucoup de rapports : enfin il ne paraît pas rigoureusement nécessaire à l'objet qu'on s'est proposé.

Le prêteur connaîtra suffisamment les droits de propriété que l'emprunteur a sur l'immeuble par lui offert en hypothèque, si l'emprunteur est obligé de lui représenter, et si le notaire est tenu d'analyser dans l'acte d'emprunt (comme on l'a déjà demandé pour les actes d'acquisition), les titres des différens propriétaires qui se sont succédé depuis dix ou vingt ans, en y joignant la mention de chaque transcription, de manière à permettre au prêteur d'y recourir toutes les fois qu'il en aura besoin. Cette précaution fort simple, et déjà pratiquée par plusieurs notaires, doit produire à-peu-près le même effet qu'un plan cadastral qui serait annexé à chaque contrat : elle semble d'une exécution plus facile.

Elle servira aussi à faire connaître au prêteur la valeur vénale de l'immeuble, en lui indiquant le prix des ventes successives dont il a été l'objet; et pour achever d'édifier le prêteur, il serait convenable que le notaire fût également tenu d'annexer à l'acte obligatoire (et même à tous les actes d'acquisition) un extrait de la matrice des rôles indiquant le revenu imposable de cet immeuble (1).

On devrait encore exiger du notaire qu'un extrait des inscriptions fût aussi annexé à l'acte; et comme dans l'économie générale du plan proposé, cet extrait rappellerait tous les priviléges, toutes les hypothèques légales dont l'immeuble peut être grevé, avec détermination et spécialité, les diverses précautions réclamées par l'intérêt du prêteur se trouveraient prises, en quelque sorte, malgré lui.

---

(1) Ce qui offrirait aussi l'avantage de faciliter la perception des droits de mutation dus sur chaque vente.

Il faudrait bien encore veiller à ce que les radiations d'hypothèques, à ce que la délivrance des bordereaux d'inscription et de transcription fussent aussi simples, aussi promptes, aussi économiques que possible, parce que ce sont des formalités qui se lient au prêt hypothécaire, et dont la complication retarde soit l'emprunt, soit le remboursement; mais la plupart de ces règles sont déjà tracées par le Code, et elles laissent peu de chose à désirer : il ne s'agirait donc que d'en assurer la stricte exécution.

Pour compléter le perfectionnement du système, quelques personnes ont proposé,

1.º De faire inscrire une longue série d'actes qui peuvent modifier plus ou moins directement la fortune des parties, mais qui ne grèvent pas spécialement leurs immeubles, les absences, les exploits introductifs d'actions réelles, les adoptions, les assurances, les baux à ferme, les protêts (1), etc., etc. *au nombre d'environ soixante-quinze à quatre-vingts !*

2.º De faire faire ces inscriptions au lieu *du domicile des parties*, et d'y transporter celles des pri-

---

(1) L'inscription des *protêts*, surtout, n'aurait-elle pas des conséquences terribles pour le crédit des négocians, d'après la règle établie, quant aux déclarations de faillite, par l'art. 441 du Code de commerce ?

viléges et hypothèques faites jusqu'ici au lieu de la situation des biens !

Il semble que cette double idée ne doit pas être accueillie.

Le prêteur serait frappé d'une véritable terreur panique en voyant cette interminable série d'inscriptions, nécessairement indéterminées, nécessairement générales, qu'on lui présenterait comme pouvant affecter un jour les immeubles de l'emprunteur, ou le frapper d'incapacité ; et aucun homme d'affaires n'aurait la puissance de le rassurer, de lui démontrer que la plupart de ces inscriptions sont un épouvantail sans conséquence.

Sans s'en douter, on retomberait par-là dans le système de la non publicité : *tout inscrire, c'est peut-être ne rien inscrire ;* inscrire des choses non déterminées, les inscrire sans pouvoir les spécialiser, c'est encore ne rien inscrire (1).

Maintenant, si tous les actes dont il s'agit devaient réellement être inscrits, on concevrait bien qu'ils

---

(1) La proposition est juste, cependant à l'égard de l'antichrèse, d'une reconnaissance de servitudes, d'un bail contenant payement anticipé du prix de ferme, et de tous les actes qui modifient la propriété : mais ces divers cas seraient régis par la règle générale qui, dans le système de ce Mémoire, soumettrait à la transcription tous les actes translatifs de propriété.

le fussent au domicile de la partie, et sur un registre particulier, comme celui des transcriptions : mais décider que l'inscription des priviléges et hypothèques ne se fera plus au lieu de la situation des immeubles, ne serait-ce pas attaquer encore indirectement le système de la publicité et de la spécialité?

Pour qu'il y ait publicité réelle, il faut que l'immeuble et l'inscription *se touchent*, en quelque sorte: il faut, enfin, que l'inscription remplace, autant que possible, *ces colonnes* que les anciens plaçaient au milieu même de leurs propriétés, avec l'indication des hypothèques qui les grevaient (1) !

Pour que la spécialité soit effective, il faut aussi que l'immeuble et l'inscription soient rapprochés : autrement, la distinction à faire entre les hypothèques qui affectent chaque immeuble, devient trop compliquée et trop difficile.

Il reste à parler de l'antichrèse et de la vente à réméré, qui ne sont autre chose qu'un mode particulier d'emprunt hypothécaire.

Mais l'antichrèse paraît être d'un usage peu gé-

---

(1) Voyez le Voyage du jeune *Anacharsis*, et diverses lois romaines.

néral; et toutes les précautions qu'elle peut réclamer seraient prises, si aux règles déjà existantes, on ajoutait l'obligation formelle de faire inscrire le contrat qui la constitue, afin que les autres créanciers soient avertis que les fruits de ces immeubles sont aliénés.

La vente à réméré réclame peut-être un examen plus attentif.

Les débiteurs obérés ont quelquefois recours à ce moyen de crédit qui, lorsque l'immeuble est libre de tous priviléges et hypothèques, offre en effet plus de garantie au prêteur, et qui le délivre des chances attachées à une expropriation forcée : mais ce mode d'emprunt a besoin de plusieurs perfectionnemens.

Le délai du rachat devrait être étendu à dix ans, au laps de temps pendant lequel une inscription conserve l'hypothèque; car la vente à réméré n'est qu'une hypothèque sur l'immeuble, avec jouissance des fruits.

Il faudrait qu'arrivant le cas du rachat, le fisc fût tenu de restituer la partie des droits perçus, au moment de la vente, qui excéderait ceux à payer pour une simple obligation hypothécaire : maintenant, ils retombent tous à la charge du vendeur, aux termes de l'art. 1673 du Code civil; et en conséquence le débiteur ne doit recourir à cette forme d'emprunt, que lorsqu'il a acquis la presque certitude de ne pas pouvoir rembourser : car autrement, comment se déciderait-il à payer, sur les sommes qu'il emprunte, un droit d'enregistrement de plus de *six* pour cent (1)?

Il faudrait aussi modifier les dispositions de l'article 1676 du Code civil, et décider que le délai pour l'action en lésion ne courra désormais qu'après l'expiration de celui stipulé pour la faculté de rachat. Tant que ce dernier délai n'est pas expiré, le vendeur qui conserve l'espérance de rembourser, ne songe pas à intenter l'action en lésion; et même en y songeant, il ne l'oserait pas : il serait retenu par la crainte de rompre avec son acquéreur, et d'être ensuite à sa discrétion, si l'action venait à échouer.

Enfin, il serait convenable peut-être qu'à la lésion des sept douzièmes on substituât, pour les ventes à réméré, la simple lésion *du tiers au quart* (2), comme en matière de partage, comme en matière d'expropriation forcée où la surenchère *du quart*

---

(1) Cette restitution de droits serait peu importante; et si on accueillait l'idée de soumettre tous les actes sans exception à la formalité de l'enregistrement, il y aurait plus que compensation, malgré la réduction de chaque nature de droits.

(2) Cette règle pourrait même être étendue à la vente ordinaire, où la lésion des sept douzièmes rend toute action en rescision impossible, et où le vendeur par conséquent est souvent lésé au-delà de toute mesure.

est

est admise : la vente à réméré est évidemment une espèce de vente forcée ; exposée à la même dépréciation, elle a droit aussi à la même protection.

Ajoutons, en terminant, que, tant que *la contrainte par corps* pourra être exercée, à l'occasion d'une lettre de change, contre des accepteurs, des tireurs ou des endosseurs *non négocians*, le prêt hypothécaire ne jouira pas de toute la faveur qui lui est due : beaucoup de prêteurs préfèrent une garantie sur la personne de leur débiteur à celle que ses biens peuvent lui offrir.

Ici se termine l'exposé des causes directes ou indirectes, des causes obligées et variables, auxquelles il paraît qu'on doit essentiellement attribuer la défaveur qui pèse sur le prêt hypothécaire, et qui empêchent les capitaux de se diriger vers cette nature d'emploi.

On n'a pas certes la prétention d'avoir tout dit : la matière est presque inépuisable ; et pour la traiter avec tous les développemens qu'elle comporte, il faudrait dépasser de beaucoup les bornes naturelles d'un Mémoire.

Mais que cette partie du mal soit prise en sérieuse considération : qu'il y soit porté un remède prompt et efficace ; et l'industrie, le commerce, l'agriculture, les capitalistes, l'Etat lui-même s'applaudiront, avant peu, du changement! Les emprunteurs verront l'argent affluer vers son emploi le plus naturel, le placement sur hypothèque; les prêteurs y trouveront sûreté et convenance, le fisc y gagnera peut-être en définitive une augmentation de revenus; et ainsi se trouvera résolu le difficile problème proposé par l'honorable M. Casimir Perier, « qui con » siste à présenter un projet de législation en har- » monie avec les besoins du fisc, ceux des emprun- » teurs, et les garanties qu'ont droit d'exiger les » prêteurs ! »

Quel devrait donc être ce projet de législation?

Sur un point aussi important, il faut nécessairement se borner à indiquer le but, et à classer quelques idées qui ne seront que le résumé des développemens qui précèdent.

Une sagesse supérieure les épurera ensuite à son creuset ! !

TROISIÈME PARTIE.

DES
DIVERSES DISPOSITIONS

A ÉTABLIR

POUR FORMER UN PROJET DE LÉGISLATION EN HARMONIE
AVEC LES BESOINS DU FISC ET DES EMPRUNTEURS,

ET

AVEC LES GARANTIES
QUE LES PRÊTEURS ONT DROIT D'EXIGER.

Suivons ici l'ordre de la discussion de la première et de la seconde partie du Mémoire : ce sera le moyen d'être en même temps plus clair et plus concis.

Pour faire cesser l'incertitude vraiment pénible dans laquelle se trouve presque toujours un prêteur, quant au droit de propriété de l'emprunteur, on propose de faire décider,

1.º Qu'une vente enregistrée, mais non transcrite, ne peut pas être opposée aux tiers (1); et qu'elle

---

(1) Bien entendu qu'on devrait, par voie de conséquence, exiger aussi, *sous la même peine*, la transcription des actes constitutifs d'une antichrèse et d'une servitude, des baux dont

est assimilée, quant à ce, à une donation de biens immeubles (dont le défaut de transcription peut être opposé par toutes personnes ayant intérêt, d'après l'art. 941 du Code civil);

2.° Qu'un vendeur, dont la vente n'a pas été transcrite, peut toujours intenter l'action résolutoire, en cas de non-payement du prix; qu'il peut encore l'intenter après la transcription, si aucun créancier ne s'est inscrit contre l'acquéreur postérieurement à cette transcription : mais que lorsque des créanciers se sont inscrits, il a simplement le droit de poursuivre l'expropriation forcée de l'immeuble, et de se faire allouer dans l'ordre comme premier créancier privilégié (1);

3.° Que le vendeur (et le bailleur de fonds) doit faire inscrire lui-même son privilége dans les deux

le payement du prix de ferme a été anticipé, et de tous les actes qui modifient plus ou moins le droit de propriété : quelqu'un a demandé encore, et avec raison, la transcription des actes de partage et de licitation, celle même des jugemens d'adjudication.

(1) Dans ce cas, on l'a déjà dit, il peut toujours rester adjudicataire et être ainsi désintéressé. D'un autre côté, il ne doit pas profiter de l'excédant de valeur que l'immeuble a pu acquérir, aux dépens des créanciers inscrits : il ne faut pas non plus que le gage de ces créanciers se dénature sans nécessité, et que la résolution de la vente les réduise tous à la condition de simples créanciers chirographaires.

mois de la transcription; si le conservateur n'a pas fait l'inscription d'office au moment de la transcription; sauf au vendeur (et au bailleur de fonds), son recours direct contre le conservateur, qui sera substitué à celui que l'art. 2108 du Code civil *ouvre aux tiers;*

4.° Que les vendeurs, ou bailleurs de fonds, sont également tenus de renouveler l'inscription de leur privilége au bout de dix ans, sous peine de ne pouvoir plus exercer ni privilége, *ni action résolutoire,* au détriment des créanciers inscrits dans l'intervalle contre l'acquéreur;

5.° Que l'inscription du privilége ne conserve les arrérages d'intérêts que pendant deux ans et l'année courante, comme l'inscription des hypothèques conventionnelles et judiciaires;

6.° Que tout contrat d'acquisition d'un immeuble doit contenir la mention des mutations qui se sont opérées, et des transcriptions qui en ont été la suite, depuis dix ou vingt ans, pendant le laps de temps exigé par l'art. 2265 du Code civil pour accomplir la prescription de celui qui possède de bonne foi, en vertu d'un juste titre.

Viennent ensuite des priviléges, des hypothèques légales de diverses natures, et qui entravent plus ou moins le prêt hypothécaire! On demande,

1.º Que le privilége des créanciers et des légataires d'une succession, dans le cas d'une demande en séparation de patrimoines, soit inscrit pour une somme *déterminée*, dans les deux mois de l'ouverture de la succession;

2.º Que celui des cohéritiers et copartageans, pour la garantie des lots, soit aussi *déterminé* par l'inscription (1);

3.º Que celui du trésor, sur les biens des condamnés, ne prime que les priviléges et hypothèques postérieures au jugement de condamnation, et qu'il reste soumis à la formalité d'une inscription, prise dans les deux mois de ce jugement *pour une somme déterminée;*

4.º Que celui du trésor, sur les biens des comptables, soit remplacé par un supplément de cautionnement en argent ou en rentes sur l'Etat (2); qu'il se convertisse du moins, dans tous les cas, en une simple hypothèque légale ne produisant d'effet qu'à partir de son inscription : que cette inscription soit prise *principalement* sur tous les biens du comp-

---

(1) On sent, au reste, que ces deux premières dispositions n'ont qu'une importance très-secondaire.

(2) La même règle devrait être appliquée à l'hypothèque légale des communes et des établissemens publics, sur les biens de leurs receveurs et administrateurs comptables.

table, et *subsidiairement* sur ceux que la femme aurait acquis depuis la gestion du mari, sans une déclaration expresse d'emploi (1);

5.° Que toutes les hypothèques légales et judiciaires *sans exception* soient déterminées et spéciales, sauf à porter *subsidiairement*, d'échelon en échelon, sur la généralité des biens présens, et *plus subsidiairement* encore sur la généralité des biens à venir;

6.° Que la même règle s'applique aux hypothèques conventionnelles;

7.° Que l'hypothèque *principale* (ou légale, ou judiciaire ou conventionnelle) ne puisse jamais porter en même temps sur plusieurs corps d'exploitation situés dans des arrondissemens différens, sauf ensuite à l'hypothèque *subsidiaire* à les atteindre, en cas d'insuffisance de l'hypothèque *principale* (2);

8.° Que l'hypothèque légale des mineurs et des interdits sur les biens de leur tuteur soit inscrite, comme les autres hypothèques légales, à la diligence du juge de paix qui a présidé le conseil de

---

(1) La femme aurait à s'imputer, dans ce cas, de n'avoir pas fait faire la déclaration d'emploi.

(2) D'après l'art. 2210 du Code civil, la vente devrait toujours en être poursuivie *successivement*.

famille, et sous la responsabilité du subrogé tuteur;

9.° Que le conseil de famille, en nommant le tuteur et le subrogé tuteur, détermine la somme pour laquelle l'inscription sera prise et la fixe, par exemple, à l'excédant présumé des revenus du mineur ou de l'interdit *pendant cinq ans*, en chargeant le subrogé tuteur de veiller tous les cinq ans à l'emploi de ces excédans, soit sur les biens du tuteur au moyen d'une nouvelle inscription, soit de toute autre manière indiquée spécialement par le conseil de famille;

10.° Que le même conseil de famille détermine, contradictoirement avec le tuteur, sur quels immeubles sera inscrite l'hypothèque *principale* et, au besoin, l'hypothèque *subsidiaire* à prendre pour sûreté de l'excédant des revenus pendant les *cinq* premières années de la tutelle;

11.° Que le tuteur ne puisse toucher aucunes sommes capitales, sans en consentir un emploi sur ses biens qui sera convenu entre lui et le débiteur, et dont ce dernier restera responsable (1); ou

---

(1) C'est ce qui a déjà lieu lorsqu'une femme aliène ses immeubles dotaux, à la charge qu'il en sera fait emploi : l'acquéreur est tenu de faire faire lui-même cet emploi.

sans en faire emploi, soit en hypothèques sur d'autres immeubles, soit en rentes sur l'Etat, soit en acquisition d'immeubles, soit de toute autre manière qui aura été autorisée par le conseil de famille ;

12.° Que l'hypothèque légale de la femme mariée, à l'occasion de sa dot et de ses conventions matrimoniales, soit également inscrite, comme les autres hypothèques légales ; qu'elle soit prise par le notaire qui a reçu le contrat, et sous sa responsabilité (1) : que l'officier de l'état-civil ne puisse même célébrer le mariage, que sur la représentation d'un certificat du notaire qui restera annexé à l'acte de célébration, et qui attestera que l'inscription a été prise ; ou bien, sur une déclaration, soit de la femme si elle est majeure, soit de ses parens ou tuteur si elle est mineure, et qui portera qu'elle se marie sans contrat (2) ;

13.° Que le contrat de mariage détermine, dans tous les cas, la somme pour laquelle l'inscription sera prise, et qui ne pourra comprendre que les diverses sommes d'argent données à la femme par

---

(1) Comme en Savoie.

(2) Cas auquel elle n'a aucuns droits présens à conserver, d'après les art. 1393 et 1401 du Code civil : car elle se marie alors sous le régime de la communauté *légale*.

son mari ou par d'autres, et celles qu'elle s'est constituées de son chef;

14.° Que l'hypothèque légale des femmes, pour raison de l'indemnité des dettes par elles contractées pour leurs maris, soit inscrite, à la diligence et sous la responsabilité *des tiers*, à la date des actes publics qui devront être successivement passés à cet effet, et sauf à engager *subsidiairement* tous les biens présens et à venir du mari;

15.° Que le mari ne puisse toucher, 1.° la partie des constitutions de dot et des donations à cause de noces de sa femme, qui n'a pas été déterminée par le contrat; 2.° ses biens mobiliers, propres ou paraphernaux; 3.° le prix de ses immeubles dotaux, propres ou paraphernaux, qu'à la charge d'un emploi sur ses propres biens, qui sera consenti en présence et sous la responsabilité *des tiers*, et qui pourra au besoin grever *subsidiairement* la généralité de ses biens présens et à venir; ou que moyennant tout autre emploi qui aura été autorisé par le contrat de mariage;

16.° Que ces diverses inscriptions en faveur des femmes mariées, des mineurs et des interdits, n'aient pas besoin d'être renouvelées pendant tout le cours du mariage ou de la tutelle, ni pendant les dix ans qui suivront; mais qu'elles ne conservent les intérêts de la créance inscrite que pendant deux ans et l'année courante, comme les autres inscriptions ;

17.º Que le débiteur, quel qu'il soit (mari, tuteur, comptable, ou autre), conserve néanmoins le droit de demander la réduction des hypothèques légales et judiciaires qui grèveront ses immeubles *principalement ou subsidiairement*, dans les cas et dans les formes déterminés par les art. 2161 et suivans du Code civil.

Il s'agirait ensuite de mettre le prêteur à couvert de toutes les circonstances qui ont pu modifier la capacité contractuelle de l'emprunteur ! Ce but ne sera-t-il pas rempli, si l'on décide,

1.º Qu'un registre particulier, tenu chez le conservateur du domicile, contiendra la mention des jugemens d'interdiction, de nomination de conseil judiciaire, de cession de biens, de déclaration de faillite, de condamnation à la peine des travaux forcés ou à la réclusion, et celle même des jugemens de séparation de biens?

2.º Que cette insertion, sur le registre du conservateur du domicile, fera partie des formalités requises pour la mise à exécution de ces jugemens ; et que son omission pourra être opposée, le cas échéant, par les tiers intéressés?

3.º Que toute inscription prise sur les biens d'un

failli, dans les dix jours de la faillite, pourra être déclarée nulle pour cause de fraude, quelle que soit la date de l'obligation; mais qu'elle ne sera nulle, de plein droit, que lorsque l'obligation aura été consentie en faveur d'un ancien créancier chirographaire, et pour sûreté de ses créances originelles (1)?

Maintenant, afin de rassurer le prêteur contre la crainte de voir son inscription annulée pour vice de forme, et de voir s'évanouir une partie des sûretés que la loi a eu l'intention de lui offrir, en cas d'aliénation volontaire ou forcée, il serait à désirer,

1.° Qu'on distinguât formellement, dans les formalités de l'inscription exigées par l'art. 2148 du Code civil, celles qui ne sont pas substantielles, et celles dont l'omission entraîne nullité;

2.° Que l'inscription contînt élection de domicile chez un avoué du ressort, toutes les fois que le créancier n'y serait pas domicilié;

3.° Que, dans la surenchère sur aliénation volontaire, le créancier surenchérisseur fût dispensé de donner caution; et que, pour garantie du prix et des charges, il fût simplement contraignable par

---

(1) Alors, on le répète, il ne faut peut-être considérer que la date de l'inscription, parce que le créancier et le failli pourraient s'entendre pour ne pas faire inscrire de suite une hypothèque antérieure *de plus de dix jours* à la faillite.

corps, comme l'adjudicataire en matière d'expropriation forcée, comme le surenchérisseur du quart;

4.º Qu'arrivant le cas de la surenchère sur aliénation volontaire, la revente de l'immeuble s'opérât par une simple licitation entre les créanciers inscrits et l'acquéreur, à la suite de la sommation qui leur serait faite d'y assister, au lieu de s'opérer par la voie de l'expropriation forcée, comme l'exige l'article 2187 du Code civil;

5.º Que la même forme de procéder fût suivie toutes les fois qu'à la suite d'une vente judiciaire, suivant le mode autorisé pour les ventes des biens des mineurs par les art. 953 et suivans du Code civil, une surenchère *du dixième* aurait été faite, et que la revente serait devenue nécessaire;

6.º Que les fruits saisis, dans une poursuite en expropriation forcée, ne fussent pas capitalisés de manière à profiter au dernier créancier colloqué; mais qu'ils fussent distribués *au marc le franc* entre chaque créancier colloqué, sauf à les imputer, s'il y avait lieu, sur les intérêts conservés par l'inscription.

A l'égard des formalités de l'expropriation forcée et de l'ordre, comme il est nécessaire de les simplifier, de les abréger beaucoup, pour faire une double économie de temps et de frais, on propose de remplacer le mode actuel de procéder par celui qu'avaient établi les lois du 9 messidor an 3 et du 11 brumaire an 7, sauf à en modifier, à en perfectionner quelques détails. On propose en conséquence ce qui suit :

1.° Un commandement qui pourrait être suivi de saisie quinze jours après, et qui serait *caduc* au bout d'un mois ;

2.° Une première apposition d'affiches qui tiendraient lieu de saisie, qui seraient aussi publiées dans les journaux (1), et qui indiqueraient le jour de l'adjudication définitive, avec une mise à prix qui ne pourrait être au-dessous de *vingt fois* le revenu cadastral (2) ;

3.° De secondes affiches et annonces, trois semaines après les premières ;

---

(1) Par extrait, comme l'exigent les art. 682 et 683 du Code de procédure civile ; ces affiches, bien entendu, seraient *immédiatement* notifiées à la partie saisie et aux créanciers inscrits, dans la forme déterminée par les art. 681, 687 et 695 du même Code.

(2) Cette mise à prix, ainsi fixée à *vingt fois* le revenu cadastral, pourrait être appliquée aux ventes de biens de mineurs ou de faillis, et aux licitations ; ce qui permettrait de supprimer (ainsi qu'on l'a demandé avec raison) les expertises préalables exigées maintenant pour ces diverses procédures.

4.º L'adjudication définitive indiquée à six semaines des premières affiches (1);

5.º Le renvoi de l'adjudication définitive à un mois, si au jour indiqué par les premières affiches, la mise à prix n'avait pas été couverte; et ce, avec apposition de troisièmes affiches;

6.º L'exécution provisoire du jugement qui aurait rejeté les nullités proposées contre les actes de la procédure, et sur lesquelles il devrait être statué dans le mois de la saisie (2);

---

(1) On a proposé de commettre un juge ou un notaire, pour procéder à la vente dans la commune même de la situation des biens, ce qui offrirait, il est vrai, la chance de faire souvent porter l'immeuble à sa plus haute valeur. Mais quelle augmentation de frais n'en résulterait-il pas? Quelles difficultés n'éprouveraient pas d'ailleurs toutes les parties intéressées à se transporter sur les lieux, lors de la première adjudication et lors de la seconde, si la mise à prix n'avait pas été couverte la première fois, ou lors de la surenchère du quart?

(2) Pour faciliter l'exécution de cette disposition, et de celle relative aux incidens d'ordre dont il sera parlé tout-à-l'heure, il suffirait d'imposer à chaque section civile, à chaque chambre civile des tribunaux et des cours royales l'obligation de siéger au moins *un jour de plus* par semaine, et d'employer deux audiences de chaque semaine à juger les incidens d'ordre et d'expropriation forcée, de manière enfin à tenir ce rôle constamment à jour. Maintenant, les cours et tribunaux ne siègent nulle part *plus de trois à quatre jours* par semaine; et il semble que pour les magistrats, comme pour les autres fonctionnaires ou citoyens, la semaine doit être *de six jours* (le dimanche non compris)!

7.º La suppression de l'adjudication préparatoire, et des trois publications du cahier des charges dont on pourrait aller prendre connaissance au greffe ;

8.º Une surenchère *du quart* dans la huitaine de l'adjudication (autorisée seulement lorsque l'adjudication définitive aurait eu lieu au jour fixé par les premières affiches, conformément aux dispositions de la loi du 11 brumaire an 7), qui serait suivie d'une simple licitation entre les *divers* surenchérisseurs du quart (1), entre l'adjudicataire et les créanciers inscrits, et qui aurait lieu encore *dans la huitaine* de la surenchère, à la suite d'une sommation faite aux avoués des parties ;

9.º La faculté accordée aux créanciers poursuivans de provoquer l'ouverture de l'ordre *dans la huitaine* du jugement d'adjudication (2) ;

10.º Une forclusion contre le créancier qui n'aurait pas produit *dans la quinzaine* (3) de la sommation

---

(1) Il n'y a alors aucun inconvénient à admettre, toujours dans le même délai de *huitaine*, plusieurs enchérisseurs du quart : c'est une garantie de plus que l'immeuble sera porté à la vraie valeur, et il n'en résulte aucune complication dans les formalités de la revente.

(2) Ce qui n'empêcherait pas les créanciers de se régler ensuite amiablement sur la distribution du prix : le délai actuel est *d'un mois.*

(3) Le délai actuel est également *d'un mois*, et il peut être abrégé de moitié.

à

à lui faite par le poursuivant (1); et sauf son action personnelle contre les derniers créanciers qui auraient été colloqués à son préjudice, laquelle action n'arrêterait pas la clôture définitive de l'ordre (2);

11.º L'obligation imposée au juge commissaire de dresser l'état provisoire de collocation *dans les trois mois*, au plus tard, de l'expiration du délai des productions (3);

12.º L'exécution provisoire *sous caution* du jugement qui aura rejeté les contredits faits sur l'état provisoire de collocation;

---

(1) De l'autorité de M. Grenier, *Traité des Hypothèques*, tome 2, n.º 487, on a demandé que chaque créancier produisant fût tenu de faire, au préalable, *l'affirmation de sa créance!* Mais la production du créancier n'est-elle pas, à elle seule, une véritable affirmation de créance? Et si l'art. 507 du Code de commerce exige, en matière de faillite, une affirmation plus directe, pense-t-on que cette règle (telle qu'elle s'exécute, qui n'est et ne peut être qu'une vaine formalité de protocole) ait prévenu *un seul acte de mauvaise foi?*

(2) Il pourrait, par exemple, former saisie-arrêt entre les mains de l'acquéreur contre les derniers créanciers colloqués; Dans le système actuel, et d'après l'art. 757 du Code de procédure civile, il peut produire jusqu'à la clôture définitive de l'ordre, *sauf à supporter seul les frais que sa production tardive a occasionés:* d'où il suit que le même ordre peut être recommencé plusieurs fois!

(3) Maintenant, aucun délai n'est assigné au juge commissaire qui peut en conséquence ajourner ce travail indéfiniment.

13.º Une disposition portant que les nullités d'expropriation, comme les contredits à l'ordre, seront jugées en première instance et en appel sur un simple acte de conclusions, et que ces affaires jouiront d'un tour de faveur.

Enfin, à côté de cette série de dispositions qui auraient pour résultat nécessaire, 1.º une grande abréviation dans les délais; 2.º une réduction de plus de moitié dans les frais ordinaires et extraordinaires de l'expropriation forcée et de l'ordre, il faudrait en placer une qui réglât sur d'autres bases la perception des droits de mutation; il faudrait aussi en ajouter d'autres qui, établissant une juste compensation au profit du trésor, lui permettraient de souscrire à ces diverses réductions de droits d'enregistrement : il faudrait donc statuer,

1.º Qu'on réduirait *à trois pour cent* le droit de mutation sur les ventes volontaires;

2.º Qu'on réduirait *à deux pour cent* le droit à percevoir sur les ventes forcées et sur les ventes de biens des mineurs qui, par suite des formalités judiciaires qui en sont inséparables, payent d'autre part au trésor un droit d'enregistrement *indirect* qui s'élève toujours à plus d'*un pour cent* (1);

---

(1) Ceci amènerait aussi la réduction des droits de succession

3.º Que la perception du droit, pour être juste et proportionnelle, se réglerait sur le revenu cadastral des propriétés, abstraction faite du prix stipulé dans les actes (1); (sauf à élever au besoin le tarif du droit, eu égard à l'infériorité de l'échelle sur laquelle le revenu cadastral peut avoir été calculé);

4.º Que toute espèce d'actes synallagmatiques ou unilatéraux devraient être enregistrés dans les dix jours, ou dans le mois de leur date, sous peine de n'être pas admis en justice et de ne donner ouverture à aucune action; et que les rentes sur l'Etat, les actions de la banque de France et tous les autres effets publics seraient aussi soumis à cet enregistrement;

5.º Que les rentes sur l'Etat, les actions de la banque de France, les autres effets publics et tous actes portant reconnaissance d'une dette seraient soumis, chaque année, dans un délai déterminé, sous la même peine (ou sous toute autre peine), à la formalité d'un nouvel enregistrement, sauf à ne

---

et de donation qui, en ligne collatérale, sont vraiment exorbitans; et celle des droits perçus dans les faillites, qui sont une véritable *prime* sur le malheur !

(1) A l'effet de quoi, on demandera tout-à-l'heure qu'un extrait de la matrice des rôles soit annexé à chaque acte d'acquisition.

soumettre ensuite qu'à un droit fixe les divers transferts ou cessions de tous ces titres de créance;

6.º Que pour les billets à ordre et les lettres de
change, on continuerait à se servir d'un timbre
proportionnel, valable seulement pendant un an;
et que tout effet de commerce *sur papier libre* ne
donnerait également ouverture à aucune action.

Telles sont donc les *premières* dispositions qu'il pa-
raîtrait convenable d'introduire dans nos codes hypothécaires et financiers, « pour faire disparaître les
» obstacles qui s'opposent à la direction des capitaux
» vers le prêt sur hypothèque, pour concilier sur
» ce point les besoins du fisc et ceux des emprun-
» teurs, avec les garanties dues au prêteur, » *sui-*
vant le vœu émis dans le programme!!

Et maintenant, pour satisfaire aux autres questions proposées dans ce programme, « sur la trans-
» mission des contrats, sur le libre taux de l'intérêt,
» sur la vente à réméré, etc. » il semblerait utile,
nécessaire même de décider,

1.º Que les obligations hypothécaires pourront
être transformées en obligations à ordre, transmissibles sur la première grosse par voie de simple endossement, comme la lettre de change;

2.º Que cet endossement ne sera soumis à aucun

droit d'enregistrement, sauf au porteur à faire ensuite enregistrer l'obligation elle-même à l'expiration de chaque année, si on accueillait la mesure financière proposée tout-à-l'heure (à l'égard de l'enregistrement annuel de tous les titres de créance sans exception);

3.º Que la loi qui fixe le *maximum* du taux de l'intérêt conventionnel en matière civile et commerciale est rapportée;

4.º Que les lois contre l'usure continueront à être appliquées, à la charge par les tribunaux de consulter désormais le taux moyen de l'intérêt à l'époque du placement, la nature de ce placement, et toutes les circonstances accessoires du prêt;

5.º Que les rentes sur l'Etat, les actions de la banque de France et tous les effets publics sans exception, que leur capital et leurs arrérages, pourront être saisis, à l'avenir, comme toute autre nature de créances;

6.º Que toutes opérations *à prime et à découvert* sur les effets publics seront interdites aux joueurs et aux agens de change; que les prix ne pourront pas en être cotés à la bourse; que les différences qui en résultent ne donneront ouverture à aucune action (1);

---

(1) Cette règle a bien été consacrée par la cour de cas-

que les agens de change qui prêteront leur ministère à ces opérations, seront punis d'une amende et même de la destitution (1);

7.° Que les transferts des rentes sur l'Etat, des actions de la banque de France, et de tous autres effets publics, devront s'opérer sur un papier portant le même timbre proportionnel que la lettre de change; ou qu'ils seront soumis à un droit d'enregistrement *proportionnel* quelconque (d'un *huitième* à un *quart* pour cent), si l'on ne soumet pas cette espèce de créances et toutes les autres à la loi d'un enregistrement annuel;

8.° Qu'un extrait de la matrice des rôles sera annexé à chaque contrat d'acquisition, et successivement à chaque obligation hypothécaire;

9.° Que le notaire sera également tenu d'y annexer un état des inscriptions et des transcriptions;

10.° Que les dispositions relatives à la radiation à faire des hypothèques en vertu d'un jugement, en vertu d'un état définitif de collocation, en vertu de la

---

sation, le 11 août 1824, dans la cause Perdonnet et Forbin Janson (Sirey, tom. 24, 1, 409): mais c'est à la loi à le déclarer, parce que la jurisprudence peut varier.

(1) Cette disposition aurait certainement sa sanction : toutes les fois qu'une faillite se déclarerait parmi les joueurs, on verrait bien avec quels agens de change il a opéré; et alors, on leur appliquerait la peine établie.

convention des parties, seront expliquées administrativement d'une manière plus large qu'on ne l'a fait jusqu'ici ;

11.º Qu'on cherchera aussi à faciliter, le plus possible, la délivrance des extraits d'inscription et de transcription, ainsi que les formalités des inscriptions et transcriptions elles-mêmes, tous actes pour lesquels d'ailleurs on diminuera *d'un quart*, au moins, le salaire actuel des conservateurs (1) ;

12.º Que le contrat d'antichrèse devra être notarié et inscrit au bureau des hypothèques ;

13.º Que dans la vente à réméré, la faculté de rachat pourra être stipulée pour dix ans ;

14.º Que dans le cas où la faculté de rachat sera exercée, le fisc sera tenu de restituer *la moitié*, au moins, des droits perçus au moment de la vente ;

15.º Que le délai pour l'exercice de l'action en lésion, ne courra qu'à partir de l'expiration de celui stipulé par la faculté de rachat ;

16.º Que, dans la vente à réméré, la lésion *de plus du quart* entraînera la rescision de la vente ;

17.º Enfin, que la *contrainte par corps* ne pourra

---

(1) Ces droits rapportent beaucoup à l'Etat ; mais ils rapportent aussi *beaucoup* aux conservateurs, dont les emplois sont en général trop lucratifs.

plus être prononcée contre le signataire d'une lettre de change (accepteur, tireur ou endosseur), *qui n'est pas négociant*.

C'est sans contredit demander beaucoup! Mais plus le mal est grave, plus les remèdes doivent être actifs et prompts; et l'on ne craint pas d'affirmer que si l'état présent des choses n'est pas sensiblement modifié, que s'il ne l'est pas avant peu, le prêt hypothécaire sera pour toujours déprécié.

Combien de capitalistes maudissent aujourd'hui la confiance qu'ils lui avaient trop légèrement accordée!

Combien n'en est-il pas que le double privilége du vendeur, que les hypothèques judiciaires et légales, que les hypothèques dispensées d'inscription des femmes mariées, des mineurs et des interdits, ont trompés par leur extension indéfinie, par leur généralité, par leur mystère et leur perpétuité?

Combien d'autres ont attendu, pendant des années entières, la fin de l'expropriation forcée la plus urgente, la clôture de l'ordre le plus simple, et ont été le jouet d'une mauvaise foi retranchée derrière les nullités, derrière les incidens interminables que le Code de procédure a pris plaisir à créer!

Combien d'autres, enfin, ont été constitués créanciers en perte par l'odieuse fiscalité d'une législation qui semble appartenir à ces régions barbares où l'on sourit à la tempête, où l'on s'approprie tous les débris du naufrage !

Aussi, quelle est la direction actuelle des capitaux?

Ils se pressent, ils s'accumulent sur le grand livre de la dette publique : ils s'arrachent les emprunts ouverts à l'étranger, les actions de la banque de France, celles des canaux et des compagnies anonymes.

La crainte d'une réduction d'intérêts, le triste exemple qu'a offert l'emprunt des Cortès, la modicité des dividendes, l'incertitude des résultats, l'illusion même des entreprises, rien ne ralentit l'ardeur avec laquelle on recherche ces placemens.

Et l'excédant de la plupart de nos capitaux se dispute les prêts sur dépôts de rentes, les bons du trésor ou le papier de portefeuille, au taux modique de trois à quatre pour cent, plutôt que de se diriger vers le prêt hypothécaire qui leur offrirait cependant partout un intérêt de cinq et même de six pour cent !

En faut-il davantage pour nous révéler les véritables causes qui éloignent les capitalistes des placemens sur hypothèque?

En faut-il davantage pour nous faire bien sentir la nécessité, l'urgence même d'une réforme?

Qu'on daigne, au surplus, regarder et prêter l'oreille!

L'industrie et l'agriculture souffrent; elles souffrent beaucoup et depuis long-temps:

Elles redoutent un violent orage, et tirent le canon de détresse!!

www.ingramcontent.com/pod-product-compliance
Ingram Content Group UK Ltd.
Pitfield, Milton Keynes, MK11 3LW, UK
UKHW020841120726
13693UKWH00002B/766